JN096720

凸凹の子どもの教室づくり

教室運営がうまくいく9つのコツ

細井 晴代 著
発達支援教室クローバー代表

「はじめに」に代えて
子どもの力を信じること

　子どもの力を信じることは、とても大事です。子どもを信じていないと、管理するようになってしまい、管理されると、子どもは素直になれなくなってしまいます。また、子どもを信じて任せることで、子どもは自分で考えられるようになります。

　しかし、心配しすぎると、ついつい口を出したり、手を貸したり、管理したくなります。ここは、ぐっと抑えて信じて待つことが大切です。何か問題は起こるかもしれませんが、起こってから考えたら良いと思います。なんとかなります。そして、良い経験、学びの機会としましょう。

　ことばを教えるにも、やりとりを教えるにも、感情コントロールをしていくのにも、子どもの気持ちを敏感に察することは大切です。

　子どもが乳児のときのように、あたかもあなたが目の前の子どもかのように、感じて、気持ちを代弁したり、鏡として感情を返したりしてあげましょう。そうすることによって、子どもは安心を得て、甘えられるようになり、ことばもやりとりも育ち、すくすくと育っていきます。

　ぜひとも、「べき」を捨てて、目の前の子どもを敏感に察してあげてください。

2020 年 1 月　細井 晴代

第1部
支援編

1カ月で
子どもを変える**コツ**

　凸凹の子どもたちというのは、なかなか素直に聞き入れてくれないものです。それは、子ども自身が自分を守るために持っている膜が弱いからです。

　人は誰しも自分を守る膜を持っていて、それによって人と自分とを区別し、自分の領域を守っています。都合の良いように相手の注意を聞き入れたり、聞き入れなかったりしています。

　凸凹の子どもたちは、膜が薄いかスカスカで弾力がないので、自分を守るために少しでも傷つきそうなことは跳ねのけてしまいます。それは、「自分を守るために必死なのだ」と考えることができます。

　人は、相手に気持ちを理解してもらったり、どうしてその行動に至ったかのプロセスを理解してもらったりして、「わかってもらえた」と思えたときに、相手の言うことも理解しようと思うものです。

　私たちはみな、弱いのです。だからこそ、批判される、自分を受け入れてくれないと感じると、自分を守るために相手を避けるしかないのです。

人は理解されてから相手を理解する

● 素直に相手のことを聞き入れるときって？

　あなたは、どんなときに「ああ、そうだな、そうすると良いな」と素直に相手の言うことを聞き入れますか？　想像してみましょう。

　たとえば、あなたはお母さんに「すごいね」とほめられたい一心で、はさみで一生懸命に紙を切っていたとします。でも、あなたはあまり手先が器用ではありませんでした。ふと気がつくと、一緒に服を切ってしまっていました。それを見たお母さんは、「なんで、そんなことになったの！　なんでそんなに不注意なの！」と叱りはじめました。「ちゃんと見なくちゃダメでしょ！いつもよく見ないからそうなるのよ！」と注意もされました。

　ここで、同じ叱るでも、あなたの一生懸命な気持ちとプロセスを理解したうえでの注意だったらどうでしょうか。「あら、切っちゃったのね。一生懸命だったのね。残念！　今度は、よく見て、やってみると良いね」。

　まったく印象は違うと思います。きっと、次は素直に気をつけようと思えるはずです。

　人は、批判されたときでもなく、注意されたときでもなく、理解してもらったとき、安心して相手の言うことを聞き入れようと思うものなのです。それは、子どもも同じです。まずは子どもの気持ち、行動のプロセスに注目し、理解することが大切です。

「わかる」を大事にした伝え方、教え方

1 気持ちとプロセスを理解し伝える流れ

　聞き入れてくれるプロセスを大事にし、「わかるよ」と伝え、そのうえで子どもと一緒に実施可能な方法を考えていくことが大切です。

　① 子どもの言い分を素直に聞く
　　　　↓
　② 気持ちをわかる、子どもの行動のプロセスを理解
　　　　↓
　③ 子どもは安心・安全（攻められない安心・傷つけられない安心）
　　　　↓
　④ 子どもが相手の言うことを聞き入れる準備が整う
　　　　↓
　⑤ どうしたら好ましい行動をとれるかを一緒に考える
　　　　↓
　⑥ どこまでなら可能かを一緒に考える
　　　　↓
　⑦ 行動を応援する・支える

実際にあった例、先ほどの服をはさみで切ってしまった場合で考えてみましょう。

　　○ 子どもの言い分：
　　　　「一生懸命にやっていたら、切っちゃった」
　　● 言い分を聞き、気持ちをわかり、理解する：
　　　　「そっか、一生懸命にやって切っちゃったのね」
　　○ 子ども：
　　　　「うん」（ここで少しあなたの言うことを聞く準備ができています）
　　● ちょっとだけ教える：
　　　　「まずは、ごめんなさいかな」
　　○ 子ども：
　　　　「ごめんなさい」
　　● ほめる：
　　　　「よく言えたね」
　　● 次の方法を教える：
　　　　「切るとき、紙だけを持っているか、よく見ると良いかもね」
　　　　（具体的に手を持って教えるとより効果的です）
　　● 応援する・支える：
　　　　「よく聞いてたね、次は気をつけよう」

　というような流れで教えると効果的です。

2 子どもに「できる」と思わせる

　私の運営する教室では、はじめに書いたように社会で振る舞う「好ましい方法」を教えています。「好ましい方法」を教える教育に SST（ソーシャルスキルトレーニング）というものがありますが、SST の際にもこの方法で常に教えています。

　しかし、当然ながら実際に行動するのは子どもなので、子ども自身が「できる」と思わなければ行動には結びつきません。そのためにも、子どもの気持ちの理解は大切です。

● 子どもが「できる気がしない」と感じるとき

　子どもは、自分が「できる」と思うことしか実行しません。実は、それは私たちも同じです。私たちも、やったことも見たこともないことを、「やるように」と言われたら、素直に「やってみよう」とはなかなか思えません。または、不安でできなくなってしまうでしょう。

　たとえば、英語をまったく話せないとします。それなのに、「アメリカ人は同じ人間なのだから、今からあなたも英語を話しなさい」と言われたらどう感じるでしょうか、「がんばりますか？」それとも、「無理だと思って相手にしませんか？」。

　行動を促しても子どもが行わないのは、子どもにもこうした気持ちがあるからかもしれません。

　「わからなすぎて、やれる気がしない」、そもそも「自分とは、能力

も環境もちがい過ぎてできる気がしない、やるのがバカらしい」。子どもたちは、そのような気持になり、素直に聞けないのかもしれません。

● 子どもに「できる」と思わせるには

　子どもが「できる」と思えるときは、きっと「どうやったら良いのかが具体的にわかり、能力的にも環境的にも近い」と思える場合でしょう。

　凸凹の子どもは、身体の使い方が不器用で、わかっていない場合が多いものです。

　人の記憶は、身体に宿ります。また、行動は頭で具体的にイメージでき、身体の動かし方が具体的に計画できたときに可能になりますので、やり方を具体的に身体に記憶させるかたちで行うと効果的です。

　そのためには、様子や方法を具体的に見せて、身体を具体的に動かして教えることが必要です。

　そして、「ほめる」が必ず必要です。ほめて認められ、励まされなければ、人は「できる」「やろう」とは思えません。

　子どもの能力も環境も離れていない、ちょっと上のレベルのことを具体的に見せて、「やらせて、ほめる」というプロセスが、子どもに「できる」と思わせるのです。

3 思考や感覚が違うことを理解する

　SST の指導がうまくいかないことは、実は子どもだけではなく大人の当事者に対してもよく起こることです。SST では、「好ましい方法を教える」という方法で進めていきますが、子どもたちは好ましい方法についての経験が圧倒的に少ないので、うまくいかないのです。

● なぜ、子どもは奇声を発するのか？

　クラスで、子どもが音も鳴っていないのに、耳をふさぎ奇声を発したとします。そのとき、「あなたはどう思いますか？」そして、「なぜその子は耳をふさいだと思いますか？」。

　私たちは、うるさいときに耳をふさぎます。でも、クラスはうるさくないのです。また、私たちにとって奇声を発するときは、つらいとき、どうしても耐えられないときなどです。だから、「そんなにつらいことがあるのか？」と考えるでしょう。でも、クラスはいつもと同じです。私たちには何が起こったのかわからなくなってしまいます。

　そんなときによくしてしまうのが、「静かにしましょう、大丈夫だから、うるさくないよ、手を耳から外して」。これは、子どもにとってはどんな意味を持つのでしょうか。少し考えてみましょう。

　凸凹の子どもは、音を聞き分ける力が弱く、すべての音を同じ音量で受け取っていると言われています。凸凹の子どもたちには、どんな

些細な音も大きな音量で聞こえている可能性があります。私たちが静かと感じていても、もしかすると「うるさい」と感じているかもしれません。

　さらに、ストレスがかかっていると敏感になりがちです。なんらかのストレスがあって敏感になっていたから、うるさいと感じやすかったのかもしれません。

　また、凸凹の子どもは、周囲から学ぶ力が弱いので、訴える方法が圧倒的に不足しているために、奇声という方法でしか訴えることができないのかもしれません。

　子どもにしてみれば、「うるさい」「つらい」のに「手を耳から外す」などできません。「静かにしましょう」「手を耳から外して」は、「できる気がしない」になってしまうのです。

　凸凹の子どもへのSSTでよく起こるのは、こちらの解釈で指導してしまって、子どもが「できる気がしない」という状態になり、指導がうまくいかないという結果になることです。大人の当事者によると、勝手に価値観を押しつけてくる感じがするそうです。

　子どもを「わかる」ということは、あなたが目の前の子どもになったかのように感じることです。そのためには、子どもの思考や感覚を理解しておく必要があります。

　そして、その思考や感覚は、私たちとはかなり異なっていることを、知っておくことが大切です。

凸凹の子どもの理解に役立つ思考と感覚

1 いろいろなものが襲ってくると感じている

　１対１の関係ができていない凸凹の子どもたちは、「自分と他の人」の意識が育っていません。そのため、「いろいろなものが自分に向かってくる」と感じ、まわりの世界を恐怖に感じています。

　恐怖を感じていると、人とのやり取りを経験しにくく、人を理解する能力の発達が遅れてしまいます。さらに、知的な能力、社会的な能力などの発達までもが妨げられています。

　私たちは、人と目を合わせるとその人の感情が入ってくるという感覚がありますが、凸凹の子どもにとっては、「わけのわからないものが襲ってくる」と感じ、目を合わせることはおろか、人のほうを見るのも苦手なのかもしれません。

2 同時に様々なものを感じている

　凸凹の子どもたちは、広くすべてのものを感じ取ってしまうために、脳に入力された情報の絞り込みができません。すべての情報が優先順位なく扱われるために、混乱し、過敏になっています。そして、いろいろなことが恐怖に感じ、感受性がとても鋭くなってしまいます。そのため、ふつうの子どもが興味を抱くものに注意を向けないように見えたりします。

　また、新たな情報よりも、子どもの中にすでにあるものが優先される傾向があります。そして、新しい情報を他の刺激で遮断しようとします。それが、こだわりや内的に存在するパターンの自己刺激です。

　さらに、情報をすべて同じ順位で受け取っていることで、原因と結果をとらえられずにいます。

3 あたかも現在そこにあるように感じる（タイムスリップ）

　「タイムスリップ現象」とは、感情的な体験が引き金となり、過去の体験と同じことが思い起こされることを言います。凸凹の子どもたちは、過去の体験を、現在、または最近の体験であるかのように感じてしまいます。ときには、言語開始前の年齢までさかのぼることもあります。

　これは、パニックの原因のひとつになっているため、何が原因なのかわからないことでパニックを起こすこともあるのです。

4 こだわりや自己刺激で安心すると感じている

　凸凹の子どもたちが、儀式のような行動をしたり、自分だけに向け
てくり返す行動をすることがあります。それは、まわりを恐怖に感じ
ているために、どうしてもしてしまう、こだわりや自己刺激です。

　こだわりをやめさせようとしたときに生じるパニックは、「どうし
ようもない恐怖に太刀打ちするための方法を失って、恐れおののいて
いる」ことを意味しています。もしくは、「一生懸命に現実に対応し
ようとしていることを、否定されたことに対する怒り」なのかもしれ
ません。

5 自分流に解釈して行動する

　凸凹の子どもたちは、周囲から学ぶことが苦手なため、自己流のこ
とばを使ったり行動をしてしまうことがあります。そのため、ことば
や行動が社会的に間違っていることもあります。

　それは、単にマイペースだからではありません。絶対的な経験不足
から人の気持ちを読み取ることがむずかしく、思考や感覚の違いに
よって、好ましい社会的な行動を取りにくいのです。

　その結果、自分流の方法で通そうとしたり、自己流の解釈で通そう
としてしまうのです。それが、一般的な行動や解釈から離れてしまっ
ていることが多々あるのです。

6 「人が好き」のスイッチが入りずらい

　凸凹の子どもたちは、自分の気持ちも他人の気持ちも、感じ取ることが苦手です。自分の気持ちが感じ取れなければ、他人の気持ちを感じ取ることはできません。

　「人が好き」のスイッチが入りづらいのは、子どもがお母さんを、「お母さん」と思える過程にもかかわってきます。通常は、乳児期、幼少期に多くのことをお母さんから学びます。しかし、凸凹の子どもたちは３歳を過ぎて世界が見えはじめたころにはじめて、「お母さん」がわかることが多いのです。絶対的な経験不足は、乳児期にお母さんから学べないことからきています。

7 先読みが苦手

　凸凹の子どもたちは、次の行動を読むことが非常に苦手です。そのために、指示がなければじっとして動かなかったり、知覚したもののほうへ走り去ったりします。

　絶対的な経験不足によって、今後どうなるのかの予測がつけられず、自分がどう行動したら良いのかもわからない、そして自信もないことから、不安で不安で仕方がないのでしょう。そして、予定変更やルートの変更にパニックを起こしたりしてしまうのです。

8 感覚がほどけてわからなくなる

　「この前わかっていたのに、わからなくなっている」と、子どもに感じたことはありませんか？

　それは、凸凹の子どもたちが感覚を保持することが、苦手だからです。　やっとつかんだ感覚（たとえば空腹）が、新しい刺激（たとえば腹痛）が加わったとたんに、つかんだ感覚がほどけてしまうのです。「少しでもお腹が痛くなると、空腹の感覚がどんなだったのかを忘れる」という感じです。

9 新規不安と初期抵抗

　凸凹の子どもたちは、はじめての課題をするときなどに、「初期抵抗」と呼ばれる抵抗が多く見られます。また、その課題の定着には少なくとも数カ月が必要となります。

　まわりの世界が怖いから、知らないものが怖い、そして周囲から学ぶことが苦手なため経験値が少なく、自信がないことから、新しいものやはじめてのとき、凸凹の子どもたちは「嫌」と感じるのでしょう。

10 感覚過敏と感覚鈍麻

　凸凹の子どもたちは、刺激を受けたとき、その刺激があまりに強かったり、激しかったりすると圧倒され、積極的な行動がほとんどで

きない状態になります。

　反応が鈍い、薄いからと、彼らの情報の多さからくる恐怖を考えず
に刺激を与える支援をしてしまうと、より恐怖を与えることになりか
ねません。

　「あたかも子どもになったかのように感じる」ためには、この10
個の感覚を、凸凹の子どもたちが持っていることを心にとめて、子ど
もたちの気持ちを察する必要があります。

　私は、それを「子どもの気持ちの翻訳」と呼んでいます。凸凹の子
どもたちは私たちと感覚がかなり違うため、私たちがもうひとつ脳を
持って翻訳をする感じです。

　「この子だったら、こう感じるのかな」という思考で、子どもの行
動を見るようにしてみてください。そこから、子どもの将来に有効で
効果的な支援がはじまります。

コツ 2 キレない子どもに指導していく**コツ**

　子どもを上手に指導できないとき、子どもの気持ちをわかろうとするのではなく、「管理しなくてはならない」と思ってしまうことがあります。

　なぜなら、接し方も扱い方も「わからない」からです。ルールを決めて、なんとか子どもを抑えようとしてしまうのです。

　しかし、管理しようとすると負のスパイラルに陥ってしまいます。

　ルールを定めても、そのルールに少しでも子どもが従わないと、子どもの些細なことに対してもさらに気になり、批判したくなってしまうのです。そして、またルールを厳しくしてしまいます。

　しかし、「それでは子どもは良くなっていくでしょうか？」

　反対ですね。子どもはさらに問題行動を起こすようになります。

子どもが問題行動を起こすとき避けたい悪循環

● 親ごさんと連携、協力してこそ

「子どもが指示に従わない」「子どもがすねて困る」「こだわりすぎて困る」「切りかえがうまくできない」「人のものを奪う」「怒ると物を投げる」など、

子どものいわゆる問題行動に悩まされていませんか？

指導力がないと言われて悔しい思いをしていませんか？

言われると、自分の力不足と感じてしまいませんか？

きっと、「子どもの問題行動を抑えられる力がなかったのだ」と、自分を責めてしまうこともあるでしょう。

また、そんなとき「親のしつけが悪いせいだ」という思いは頭をよぎりませんでしたか？

もしその考えがよぎったならば、その考えは間違いだったと破棄してください。その考えを持つ限り、子どもとの関係は改善されず、親ごさんともうまくいきません。結果、あなたの指導力は上がりません。

親ごさんや子どもを理解して、連携して、協力してこそ、指導はうまくいくのです。そして、親ごさんは子育てを伴走してくれる指導者を求めています。

親ごさんというのは、子どもの問題行動の影響で日々自信を失っています。親ごさんは、周囲から暗黙のうちにしつけのせいだと責められることもあります。ですから、余計に心からのねぎらいと協力が必要なのです。

● 子どもが問題行動を起こす本当の意味

　子どもが問題行動を起こす本当の意味を、考えたことはありますか？

　信じられないかもしれませんが、本当の意味は、「甘えさせて」というメッセージです。「甘える」とは、頼る、そばにいる、世話をしてもらう、かまってもらうという行動を含みます。

　そして、問題行動は「不器用な甘え」です。甘えたいけど甘えさせてもらえないときや、甘えたいけど甘える方法がわからないときに、子どもが考えだした「甘えさせて」のメッセージです。

　大人同士で話しているとき、子どもが物を投げはじめたり、叫びはじめるのも「甘えたいメッセージ」です。

　大人同士で話しているとき、子どもは放っておかれることが多いです。ですから、子どもは「かまってほしい」と思うわけです。

　相手に向いてほしくて、かまってほしくて、問題行動をくり返すのです。物を投げたりするおかげで、親は子どもに顔を向けます。そして、子どもの欲求である「かまってほしい」は満たされることになります。たとえ、子どもを叱るにしてもかまうわけです。

　今からお伝えする「甘えを育てる」は、親ごさんにぜひとも伝えていきたいことです。また、支援者が子どもに育てていきたいことでもあります。

感情をコントロールできるように

1 甘やかすのではなく「甘えさせる」

　まず、「甘えさせる」のは「気持ちをわかること」で、「甘やかす」とは違います。

　「甘えさせる」というのは、子どもが気持ちを理解してもらい、気持ちを受け止めてもらい、子どもを安心させるものです。

　「甘やかす」というのは、子どもをこちらの都合の良いようにするために、子どもの言いなりになることと言えます。

　たとえば、静かにさせるために、お菓子を与える、ゲームを与えるのは、子どもの「動きたい」という欲求を封じ込め、こちらにとって都合の良い「静かにさせる」ために行っているのでしょう。

　しかし、外部によってコントロールされている状態では、外部刺激がなくなったら、すぐにコントロールを失います。

　「甘やかす」のではなく、「甘えさせる」ことこそ、大事なのです。

「甘えさせる」方法の流れ

1 子どもの甘えに気づく（甘えだと解釈してしまう）

　甘えさせるのに必要なのは、子どもの「甘え」に気づくことですが、凸凹の子どもの甘えは、気づきにくいものです。

　そこで、こちらが少しでも困ってしまう行動や動揺してしまうような行動をしたときは、「子どもは甘えたいのだ」と解釈して、甘えさせます。子どもは甘えさせることで、不思議なほどに落ち着きます。

　そもそも、人と人は大雑把にしか通じ合えないものです。そして、解釈は常に受け取り手の自由です。ならば、お互いに楽になる解釈をしたほうが良いですよね。

　問題行動だと思っていた数々の困った行動が、「実は甘えたかったのだ」と感じると、子どもに対する気持ちが変わってきます。かわいいと思えるようになってくるのです。

　子どもの問題行動はすべて「甘えたいサイン」として解釈することで、関係の改善にもなります。

　それは、子どもに「甘え」を育てることにもつながり、「顔を見てほっとする関係」をつくることができます。その関係ができると、面白いほどに問題行動は落ち着きます。やはり、「子どもは甘えたい」のでしょう。

　さらに、顔を見てほっとできるので、支援がなくても自律的に落ち着くことができ、安心できるようになってきます。

2　甘え方を具体的に教える＆甘えさせる

　子どもの甘えが育たなかったのは、お互いにどうしようもなかったことです。まずは、その仕方がない状況を理解したうえでの支援が必要です。

　子どもに、「今は、あなたはそのままで良し」と伝えることです。子どもは、「そのままで良い」と言われることによって安心し、そしてパワーを得ます。そして、甘え方を知らない子どもに、実際にどのように甘えたら良いかを教えます。

　まずは、「甘えたいのね、よしよし」と声をかけて、そっと触れます。次に、とんとんしながら、さすりながら「よしよし」をくり返します。面と向かって抱きしめられそうなら、抱きしめてあげてください。

　甘え下手の子どもは、抱きしめてほしくても素直に「抱きしめて」と言えませんので、「『だっこ』と言えば良いよ」と教えることが必要です。さらに、知っている限りの甘えのレパートリーを、子どもに教えます。

　ここで、子どもの気持ちが少しでも感じ取れたら、その感じ取った気持ちを、言語化して伝えます。そうすることで、子どもは「わかってくれた」、もしくは「わかろうとしてくれている」と感じ、安心することができます。

　また、言語化されることによって、子どもは気持ちの整理を促すことができます。気持ちの整理は、気持ちのコントロールに非常に役立っていきます。

3　ほっとする関係をお互いが感じ安心を育てる

　子どもをぎゅっとしたとき、触れたとき、なんとなくほんわかした気分を感じると思います。それは、一瞬のこともあります。それを、大事にしてほしいのです。人は不思議なもので、物理的に触れ合うだけで、安心が育っていくのです。

　実際に、まったく甘えない状態の子の親ごさんに、「無理やりでも、一瞬でも、ぎゅっとするように」とお願いしたところ、親ごさん自身が、「かわいいと思えるようになった」と報告をいただいたことがりあます。子どもも素直に甘えられるようになり、親子関係は改善しました。

　子どもが甘えない状態だったり、子どもをかわいいと思えない状態だったとしても、「よしよし」と「ぎゅー」をすることで、甘えと安心は育っていきます。気負わずに行い、また、親ごさんにも行ってもらいましょう。

　保育園での事例に、親ごさんとの関係がうまくいっていない子どもに対して、保育士が甘えを育てる支援をしたところ、保育士に甘えられるようになったあとに、親ごさんにも甘えられるようになったというものもありました。

● 親ごさんに安心してもらうために

　子どもは、親ごさん、支援者、身近な大人に対して安心できることが大切です。こちらがちょっとした安心に気づき感じることで、子どもにも安心を与えることができます。そして、その安心はどんどん育っていきます。

「ほっとする関係」とは、顔を見て安心できる関係を言います。お互いがほっとするには、お互いの関係に安心が必要です。

　そのためには、まずはお互いが安心していなくてはなりません。自分が安心している場合でも、自分の身近な人が緊張して余裕がなかったら、なんとなく自分も緊張して余裕がなくなってしまいます。

　とりわけ、子どもは人の気持ちに影響されやすく、自分で感情をコントロールして安心に導くことはむずかしいです。こちらが安心していなければ、子ども自身が安心することはできません。

　子どもが安心できるようにするためには、こちらが安心している必要があるのです。親ごさんも、支援者もです。

　そして、親ごさんに安心してもらうためには、支援者が、親ごさんの子育ての伴走者になりましょう。

2 ネガティブな感情を受け止める

「キレる」と聞くと、突然怒る、突然とんでもないことをするというイメージがあります。そして、子ども側に忍耐力がないことが原因だと思われがちです。しかし、キレる原因は、もしかすると子どもを支援する環境や家庭教育の環境によるのかもしれません。

● 子どもがキレる（かい離）原因

子どもは、つらすぎると自分を守るために別人格をつくったり、記憶を別のところに追いやり、そのつらすぎる記憶を一切覚えていないという状態になることがあります。

これは、虐待されている子どもによく起こる状態なのですが、とりわけストレスに弱い凸凹の子どもたちの場合には、厳しい教育によってダメージを受けてしまうこともあります。

記憶を追いやってしまうということは、当たり前ですが記憶がないということです。それは、子ども自身も周囲も認識していません。すると、子どもは記憶がないから、同じ過ちを何度もくり返すことになります。当然、教育しようとする相手も何度も同じように対応することになります。さらに発展すると、子どもは別人格をつくって対応するようになります。

本来ならば問題行動について学ばせ、ストレスに対応する力と忍耐力を育てたいところなのですが、記憶がなくなるために、対応力も忍

耐力もまったく育たない状態になってきます。そして、キレやすい子どもになってしまいます。

　方法が厳しすぎたりして、子どもにダメージを与えている場合にも、キレやすい子どもになる可能性があるということです。

● ネガティブな感情と向き合う

　ネガティブな感情は、「相手に受け止めてもらうこと」でコントロールする方法を学んでいくことができます。

　ダダをこねる、ぐずる、文句を言う、心配事を言う、悩みを言うなど、ネガティブなことを子どもが表現したとき、支援者や親ごさんは無意識に受け止めるのを拒み、避けてしまうことがあります。

　悪気がなくてしていても、ネガティブな感情を避けることが習慣化すると、子どもは「ネガティブな感情を表現してはならない」と感じてしまうようになり、感情を抑え込むようになるのです。

　そして、ネガティブな感情をコントロールする術も学べません。そうなれば、子どもの心に余裕はありませんから、少しの刺激で怒りが爆発してしまうことになりかねません。

　ネガティブな感情と付き合っていくには、受け止めて、慰めることです。

　「よしよし、いい子いい子」とされることで、少しずつ感情コントロールを学ぶことができます。そして、コントロールできるように、落ち着く安心できるしぐさなどを教え、最終的には、自分で落ち着く方法を用いて、自分のネガティブな感情をコントロールできるように育てていきます。

3 怒りをコントロールする

　怒りのコントロール（アンガーコントロール）は、発達支援の中で最もむずかしいと言われています。しかし、怒りを理解し、共に考え、教え、ほめることで、子どもは怒りのコントロールをしていくことができます。

　怒りのコントロールについて述べると本を 1 冊書けてしまうくらいの量になるので、本著では簡単に述べさせていただきます。

怒りをコントロールするコツ

（1） 怒りは敵ではないことを本人も周囲も理解する

　怒りは、敵のように扱われることの多い感情です。通常、怒りは抑えるものと考えがちですが、それでは怒りのコントロールは上手になりません。

　それは、怒り自体が、「自分を守るため」に発生した感情だからです。そして、自分に芽生えた感情を抑えることは、自分を傷つけます。

　怒りの感情を抑えると、怒りを感じた自分にうそをつき、表現されることもなく、不満足だけが残ります。すると、自分の感情を抑える

自分を信じられなくなり、自信を失っていき、メンタルはガタガタになってしまいます。それは、子どもも同じです。

　うまく人間関係を築いている人は、実はとても素直に自分の欲求や怒りを表現しています。怒りは、自分を守ってくれる大事なものであり、我慢するのではなく、上手に表現されるものと言えるでしょう。

　そのことを双方が理解していることが、怒りのコントロールの成長には必要です。

② 共にわかりあって考える

　独特の感性の中で生きている子どもたちにとって、世の中はわからないことだらけで、不安なものです。心に余裕もありません。だから、私たちが通常は攻撃とは思わないような些細なことで、怒りを感じたり、ときには友好を示す行動を敵対と感じたりすることがあるのでしょう。

　そのような場合には、どのようにしたら誤解が解けるか、もしくは解釈を変えられるか、許せるかなど、子どもが生きやすくなる手法を共に考えていくことが必要です。

　「共に」をあえて言っているのは、子ども自身が子どもの人生で実践していくので、こちらが勝手に行動を決めることができないからです。子ども自身が、「やれる気がする」という方法でなければ、考えても効果はありません。子どもの感性を理解し、共にわかりあって考えることが大切です。

3 方法を教えてシミュレーションと実践をする

　人の感情は、ずっとは続きません。もし楽しいことがあっても、ずっとその感情で楽しみ続けることはできません。同じく、悲しいことがあっても、ずっとその感情で悲しみ続けることはできません。怒りも同じです。

　人の怒りの感情は６秒でピークを迎え、そのあとは下がっていくと言われています。怒っていたのに数秒経ったら忘れていたという経験はそれです。

　私が教室で実践している方法をいくつかお伝えします。

> **（1）** ６秒数えながら呼吸する方法
> **（2）** ６秒間を何かの行動をして過ごす方法
> 　　　（たとえば、ジャンプする、回るなど）
> **（3）** 甘えられる人に「よしよし」をしてもらって落ち着く方法

　これらの方法を、何度かシミュレーションして記憶させます。そのあとに、怒りを感じたときにこの方法を実践させます。

　大事なのは、子どもが自分で「この方法でコントロールできた」と感じられることです。

4 　少しでも努力できたらほめる

　怒りのコントロールは、非常にむずかしい問題です。そのむずかしいことに子どもが立ち向かっただけで、素晴らしいことです。

　子どもたちは、本当は素直でまじめです。教わったことについて、なんらかのことをしようとしています。こちらから見ると、歩みが遅くて努力が足りないように見えるかもしれませんが、小さな変化は必ずあります。私は、そこに気づいて、思いきりほめることが必要だと思っています。

　そして、「この方法を使って自分で少しだけでもコントロールできた」と思わせましょう。それが、とっても些細だとしてもです。努力を認められることによって、そして自分ができたと思えることによって、怒りをコントロールする方法が定着しやすくなります。

　子どもたちは、自分でコントロールできずに失望した経験をしてきているので、「自分でなんとかなる」と思えるように導くことは、子どもの人生にとっても重要です。

教室環境の
つくり方の**コツ**

　教室で、子どもがひとつのものに集中してくれない、席に座っていてくれない……悩みは、幼ければ幼いほど多くあると思います。

　そして、「刺激を減らそう」「目に入るものを減らそう」と、構造化やTEACCHをはじめる方もいると思います。それらの支援は、凸凹の子どもにとってとても親切でやさしい環境をつくることができます。

　しかし、刺激があっても自分をコントロールできる力をつけていくことも大切です。

　子どもが集中できないとき、子どもの中で何が起こっているのかを理解したうえで、環境整備（構造化、TEACCHなど）と、「どのように自分をコントロールしていくか」を教えることが、並行して必要だと私は考えています。

● 集中できないとき、子どもの中で何が起こっているか

　子どもが集中できないとき、子どもはアフォーダンスを受けて刺激の波に襲われています。

　アフォーダンスとは、人やものから自己紹介を受けるというものです。目に入った人やものが、「〇〇だよ」とアピールしてきます。

　たとえば、処分しようとアルバムを見たときに、ついつい写真を見てしまって「あのころは…」なんて思い出し、「片付けが進まない」というようなことと同じです。この場合、写真がアピールしてくることがアフォーダンスです。

　そして、凸凹の子どもたちはワーキングメモリも少ないために、忘れないようにすべてのものに対応しています。覚えていられないから、「あとからしよう」ができません。ですから、「すぐに動く、すぐにやる」という衝動的な行動として表れます。そして、子どもは一つひとつに集中しているので、その行動を取り上げようとすると拒むのです。

　さらには、生理的な現象も手伝っています。凸凹の子どもたちは、ドーパミンという脳のホルモンの分泌が少ないため、ドーパミンを分泌させるために、ワクワク、ドキドキするものを探す、動くという行動に出ます。

● できないことは誰でも避けたい

もうひとつ、集中力に関してです。そもそも凸凹の子どもたちは、自信がなく、できると思えない課題や出来事について一切向き合おうとせずに、避けるという性質があります。これは、精神力の問題などではありません。人間は、誰でもできると思えないことを避けるものです。

ですから、子どもたちに安全なことだと教え、向き合う方法を教えれば良いのです。さらに、向き合うことで受け取れる楽しさやうれしさ、達成感などを感じられるようにしていけば良いのです。

私は、構造化、TEACCH を集中してほしいときに活用し、徐々に子どもたちに「どんなところでも集中できる力」も同時に伸ばしていくという方法をお勧めしています。それでは、集中できる力を伸ばす方法をご紹介します。

・ワーキングメモリを育てる
・自信を育てる向き合い方を教える
・ビジョントレーニングを行う
・わかりやすくひとつのことに向かいやすい環境に整える
・視覚の強みを利用したわかりやすい指示を出す

これらを構造化、TEACCH と同時に行うことで、徐々に子どもたちは学び、どのようなところでも集中していけるようになります。

集中しやすい環境づくり

1 子どもの集中力を伸ばす

● 集中できる環境とは

　子どもの中で何が起こっているのかがわかってくると、環境整備の方法も変わってきます。

　子どものワーキングメモリがひとつしかないときには、目の前に何もないほうが集中できるでしょう。目に入ったものに片っ端から反応してしまうからです。それが原因で、こちらがイライラしたり叱責の対象になるのならば、目の前のものをなくすことをお勧めします。

　目の前のものをすべてなくすことが、無理な場合があります。そんなときには、"なるべく"目の前にものがない状態にします。もしくは、小さなパーテーションを机に置く、他のものには布をかぶせるなど、ものが"気にならない"ようにしておきます。

　どれだけ布をかぶせても気になるときは気になるので、布を上げて中を見るなどの行動が起こることがあります。それは、仕方がないことです。

人間社会はものにあふれ、どうしてもその辺にいろいろなものがあります。結局、すべてをなくすことは不可能なのです。

　ですから、基本的に「なるべく」と考え、向かっている課題などの周囲には「なるべくものをなくす」か「見えないように工夫をする」と考えるのが現実的だと思っています。そのほうが、現実社会への適応を高められると思っています。

● 集中力を育てる

1　ワーキングメモリを育てる

　ワーキングメモリには、３種類あります。「視空間記憶」、「聴覚記憶」、「エピソード記憶」です。これらを得意不得意に合わせてなるべくまんべんなく伸ばせるようにすると良いでしょう。

　「視空間記憶」は、目で見て覚える記憶、「聴覚記憶」は、耳で聞いて覚える記憶、「エピソード記憶」は、物語のように覚える記憶です。

　ちなみに、学習に有利なのは、エピソード記憶を伸ばすことだと言われています。どのように伸ばすかを詳しくお伝えしていきます。

○「視空間記憶」を伸ばす：

　「視空間記憶」は、頭に図や記号などを思い描いておいて使用する記憶です。その部分を含んだ遊びを行うと、良いでしょう。

　間違い探し、何かを探すゲーム、目で見てものを探す、神経衰弱や、一部を隠してものを当てる活動などで養われます。

○「聴覚記憶」を伸ばす：

　「聴覚記憶」は、聞いて覚えて使用する記憶です。伝言ゲームや耳で聞いて探すゲームで、養うことができます。また、しりとり、数字の順唱（順番のままに相手の言ったことをくり返す）と逆唱（順番を逆にして相手の言ったことをくり返す）でも養うことができます。

○「エピソード記憶」を伸ばす：

　「エピソード記憶」には、「～している人」「～なところ」「～なもの」など、文章で表現できるかたちのものを探すと養えます。本の中や生活環境の中で簡単にできます。

　ワーキングメモリを育てるためには、これらを組み合わせながら行うことが大切です。

　また、凸凹の子どもだから、視覚記憶が強いというわけではありません。中には、聴覚記憶が得意で、視覚が苦手な子どももいます。目の前の子どもに合わせた支援が大切です。

● ワーキングメモリを生活の中で伸ばす

ワーキングメモリは、生活の中で手軽に行える方法もあります。

「お手伝い」は、そのときだけのお手伝いを、子どもの記憶の容量に合わせて、いくつか連続でお願いしてみましょう。

お手伝いは、将来働くためにも役立ちます。自分の役割を持ち、役割を正しく行うことで、達成感と責任感が養われます。自分が抜けると成立しないものが良いでしょう。たとえば、「箸を並べる」です。箸がないと食べられません。

「料理」も、絵付きであれば視空間記憶が育ちますし、記述のみであれば聴覚記憶やエピソード記憶が育ちます。また、料理は同時処理を要求されるので、ワーキングメモリの容量も自然と大きくなります。

また、「ながら遊び」は同時処理が必要なので、記憶を伸ばせます。たとえば、しりとりをしながらキャッチボールをするなどです。昔の遊びも、手軽に記憶を伸ばせるものが多くあります。色鬼、パイナップルじゃんけん、フルーツバスケットなど、多く活用すると良いでしょう。

ちなみに、凸凹の子どもたちは集中しすぎて（力を抜くのを忘れて力を入れ続けて）集中力が切れるという状態になることが多々あります。私たちは、器用に力を入れたり抜いたりして、結果長く集中を維持することができています。

ですから、子どもたちには「力を入れる、抜く」を教えると良いでしょう。たとえば、だるまさんが転んだは、非常に効果的に力を入れると抜くを学べる遊びです。ぜひ取り入れたい遊びです。

2　物事に向き合う方法を教える

● 「できちゃった」で向き合ってくれるように

　凸凹の子どもたちは、できる気がしなくて（自信がなくて）問題に向き合わずに逃げていきます。「自信がないのだな」、「できる気がしないのだな」と考えて、少しずつ向き合えるように仕向けるのが大事です。

　私がよく行うのが、スモールステップ（詳しくはコツ4）です。このとき、細分化してやって見せ、やらせてみて、ほめます。

　「教えてから、ほめる」です。コツは、ちょっとだけやらせてみて「できちゃった」とすることです。触っただけでもOKです。「自分でできちゃった」とするのです。

　子どもたちは、「できた」とされることで、次にやれる気がして向き合ってくれるようになります。私は、それを「できちゃった感を授ける」と呼び、教室で実践しています。

視野を伸ばす・ビジョントレーニング

　ビジョントレーニングには、様々な手法がありますが、「追従」と「跳躍」がお勧めです。「追従」は、ゆっくりと目でものを追う練習、「跳躍」はピッピッと両端のものを見る練習です。（この方法の詳しいことは、北出勝也先生のビジョントレーニングの本をご覧ください）

　トレーニングの方法は、500円玉程度のもの（興味があるものが良い）を、子どもの顔の前30センチくらいの位置で、子どもの鼻を中心に直径30センチくらい動かして、ものを目で追いながら見る練習をします。

　最初は、直径5センチしか追うことができなかったりしますが、少しずつ、少しずつできる範囲で続け、少しでもできたらほめるをくり返します。そのうちにかなりできるようになります。

　視野が広がったと感じるころには、子どもが周囲を見て動けたり、マネが上手になっていることに気づきます。

2 子どもが集中できる教室づくり

● 構造化

　構造化とは、必要な情報にのみ注意が入力され、逆に不要な情報は入力されないように環境づくりを行うことを言います。簡単に言うと、すっきりとした環境です。

　なぜ構造化が必要なのかと言えば、凸凹の子どもたちは、いろいろな情報をすべて一緒に拾ってしまい、選択することができずに混乱しがちだからです。混乱している状況では、学ぶものも学べず、指示にも従えません。まだワーキングメモリなどが育っていない子どもたちには、構造化が非常に有効です。

　そして、凸凹の子どもたちをはじめ、大人にもとてもやさしい環境と言えます。苦労せずに生活できますが、世の中はまだまだごちゃごちゃしていますので、少しずつでも、構造化がない世の中にも大丈夫になれるような力を育てることも大切です。

● TEACCH

　TEACCH とは、ノースカロライナ州で行われているプログラムです。構造化によってわかりやすい環境を与え、視覚からの記憶が強いというところを利用して、自閉症スペクトラムの人を導き教えていこうというものです。絵（視覚的な情報）で示し、わかりやすく指示を出します。

実際にノースカロライナ州では、地域の中で多くの自閉症スペクトラムの人々が暮らすことができています。TEACCHの欠点は、永遠に続けていかなくてはならないことです。日本でも、地域全体でTEACCHを実践できるようになると良いのですが。

● ゆるく行い、適応力をつける

　実は、私の運営する教室では、特に構造化はしっかりとはしていません。その理由は、あまり必要としていないからです。

　それは、教室にちょっとした工夫があることと、子ども自身が「どこに何があるのかわかって安心すると落ち着く」ということを知っているからです。

　子どもは、安心できていないときには落ち着きませんが、安心できると落ち着くものです。実際に子どもたちは、最初の1カ月くらいは教室に入ってすぐに探検に出かけて、落ち着きなく走ったりしますが、しばらくすると落ち着いています。

　ちょっとした工夫は、基本的には、「アフォーダンスを防ぐこと」、「ごちゃごちゃするのを防ぐこと」、「置き場所は大概同じにすること」です。

　教室では、それをゆるく行っています。厳密にしない理由は、子どもの適応力を高めるためです。厳密にすれば、子どもにとっては非常にわかりやすくて過ごしやすいでしょうが、世の中のどこにでも行ける状態にはなりません。逆に、整っている場所にしか行けなくなります。ゆるく行い、適応力をつけていくのです。

子どもの適応力を高める環境づくりの工夫

1　棚に目隠し

　棚は、いろいろなものが入っています。むき出しにしておくと、中に入れてある様々なものが「触ってみて！」とアフォーダンスしてきます。すると、素直でやさしい刺激を一緒くたに受け取ってしまう彼らは、一つひとつを相手にしてしまいます。落ち着かず、いろいろなものが目に入り、目に入ったものを片っ端から触っていくことになるのです。

　教室では、落ち着いた色のカーテンを棚にかけ、目隠しをしています。これだけで、子どもたちは見ることはありませんし、気になってしまうこともありません。

　置き場所は同じにしているので、教材の場所を覚えるとついつい覗くときがありますが、「あとでね」と伝えるとあきらめて今の課題に向き合うことができます。

② 視界に入らないようにする

　教室には、親ごさんに勉強していただくために、本棚を用意していますが、本はむき出しになっています。しかし、子どもが「本棚の本を出して困る」という状況になったことがありません。それは、本棚の配置と、本を出しても必要以上に反応しない対応の効果です。

　まずは、本棚の配置です。本棚は、セッションをする机から斜め後ろに配置してあるので、子どもの目には入りません。セッション中に気になりそうなものは、視界から外れるように設置してあります。

　子どもが机から離れ、走っているときには目に入りますが、それほど触る子はいません。

　もし、1冊出したとしても、「見たいの？　どうぞ」と見せます。そして立ち去ろうとしたときには、「戻すよ」と言って戻させます。このような対応をしていると、本棚はむき出しになっていてもまったく問題はありません。

3　電話は引き出しの中

　電話は、子どもにとってはとても興味津々のものです。さすがにむき出しだと気になっていじってしまい、セッションができません。そこで、仕方なく引き出しの中に入れました。

　すると、発見するまでは気になりません。そして、場所がわかったあとでも、隠れていて目には入らないので、気になって仕方がないということはありません。

　場所を覚えると、何かと近づいたときには開けますが、本棚と同じで「押したいのね。押しても良いけど、戻してね。そして閉めてね」という指導をすると、すんなり閉めてくれるようになります。これは、ことばのない子でも聞いてくれます。

　どうしても子どもが気になってしまうものは、目に見えないように隠すことが良いでしょう。そして、触ったときには大騒ぎせずに対応してあげましょう。

4 おもちゃ・教材の場所は大概決めておく

　人間は「わからない」と落ち着かないものです。ですが、場所を大概決めておくと、子どもたちは「安心」します。「ここには、これがあるはず」、そういう「わかること」が安心につながるようです。

　とにかく当教室では、ゆるく行っていますので、子どもがいじっておもちゃや教材の場所が変わっていることがあります。そのとき子どもは少し動揺しますが、改めて見つければ安心します。

　しかも、そういうことがあっても特にパニックになることはなく、だんだんと「どこかにはあるでしょう」という気持ちが育っていくように思います。それは、適応力が徐々に育っているということです。

　以前、形状記憶の能力が素晴らしい子で、どうしても元に戻したくなる子がいました。当然、場所は必ず決めていないと気が済まないし、場所が変わっているとパニックです。出先でも、必ず「ここだろう」という場所に戻しておくそうです。実際には、元の場所かはわからないのですが、子どもが自分の中で決めて戻すようです。

　その子も、当教室でゆるい支援を受けるうちに、「ま、良いか」と思えるようになったのか、元の場所に戻さなくても良くなりました。もちろん、パニックもほぼ起こさなくなりました。

5 なるべくすっきりした部屋にしておく

　できる限りゆるくは行うのですが、ごちゃごちゃしていたり、いろいろなものがすぐに目に入る環境にしていると、子どもたちは気になって仕方がなく集中できません。それなりには、すっきりした部屋にしておくことは大切です。

　よく、「部屋と脳の状態は同じ」と言います。部屋が散らかっていると、脳の中も混乱しているということです。頭をすっきりとしたいときは、部屋の片付けをすると良いそうです。

　部屋をすっきりして、頭をすっきりさせて、落ち着いて暮らせるようにすることは、特別な支援ではありません。そして、大切なことは、「無駄なものは置かない」ということです。

3 環境に対応できない子どもに対して

1 時間前に教室に入りたい子

　教室に通いはじめて間もない子で、予約時間の前でも「着いたからすぐに教室の中に入る」という思いの子がいました。

　こうした場合には、その子どものストーリーを次のように変えなくてはなりません。

　「呼ばれたら入る」もしくは、「予約の時間になったら入る」です。

　このとき有効な支援は、視覚情報を与えて、わかりやすく教えて、従ってもらう方法です。

　実際には、「呼ばれたら入ります」という張り紙を入口のすぐに目に入る場所に貼っておきます。さらに、アナウンスをして張り紙を子どもの視野に入れます。そして、入ろうとしたときには張り紙を見せながら「呼ばれたら入る」と教えます。

　そのときに、少しでも耐えられたらほめるをくり返します。そして、徐々に慣れてもらい、張り紙は卒業していきます。

　TEACCHと教えてからほめる、を組み合わせると、非常に有効な支援ができます。

2　教室に入ってすぐに落ち着かない子

　教室に通って間もない子どもに多いのですが、教室に入ったとたんに走り回って探索する子どもがいます。このとき子どもは、まだ場所自体も、システムも「わからない」から走って探索しているので、「わかる」ようにしてあげれば落ち着きます。

　どうするかというと、存分に走らせます。このとき、走りながら目に入ったものの名前や性質を伝えていきます。

　走り回る子どもも、数回後には落ち着きます。わかるようになるのだと感じます。その証拠に、課題に飽きるとちゃんと自分の好む場所に行くようになるのです。また、場所が少し変わっていると「あれ？」という表情をしています。

　落ち着かない子どもに対しては、存分に走らせたり、動いてもらって「わかる」ことを促すことがお勧めです。

③ いろいろ触りたい子

　落ち着かない子どもと原理は同じです。とにかく、いろいろなものがアフォーダンスしてくるのです。親切なので相手にしてしまうのです。

　子どもは、アフォーダンスを受けているのと同時に「わかる」世界に行きたいので、それを満たしてやれば良いということになります。

　そこで、アフォーダンスを受けないように目隠しをしておくという支援（すっきりとした部屋にする）と、わかるまで触ってもらう支援をお勧めします。

　触り終わったらしまうことを教え、課題の途中ならば「こっちをしてからだね」と教えていきます。

　私たちでも、気になるものが目の前に現れたとき、「やりたい」と思うのは、当然の反応です。そのとき、課題が終わっていなくても、一旦片付けて、「やりたいことをやろう」と思うこともあります。

　教室では、与えられたものは、必ず完遂しなくてはならないと考えてしまいがちですが、実際の社会ではそんなことばかりではないはずです。片付けさえすれば、次に行って良いこともあります。

　「その支援は、社会の中で生きていくのに必要な支援だろうか？」を考えつつ、子どもたちを支援していきたいものです。

第2部

指導編

わかりやすく
教える**コツ**

　凸凹の子どもたちは、世界が怖いために、なかなか周囲の
教えを受け入れることができず、なかなか学ぶことができま
せん。

　ですから、安心感を与えるため、「少しずつ教えること」、「わ
かりやすく教えること」が、大切になります。

　少しずつ行動を教えるために有効な方法は、ABA（応用行
動分析学）です。その中でも私が好んで使っているのが「教
えてから、ほめる」です。それは、最も子どもに負担が少な
いからです。

「教えられる」は、「わかること」から

● 子どもの気持ちに添った指導のために

　凸凹の子どもたちは、周囲から学ぶことが苦手で学びにくいため、できないことは大概の場合わかっていません。まずは、「教えられること」が必要なのです。

　子どもたちにわかりやすい教え方は、少しずつ教えるスモールステップ（細分化）です。

　また、行動以外の気持ちの整理や考え方を教えるために有効なのが、ナラティブセラピーです。ストーリーを変える支援です。

　人は、自らが築き上げたナラティブ（ストーリー）に沿って行動しています。

　たとえば、「私は、指導者だから子どもたちに情けない姿は見せられない」という役割意識もストーリーです。そのようなとき、情けないと思える行動は慎みます。してしまったときには、「指導者失格だ」と失望してしまうこともあるでしょう。人はストーリーに沿って生きていて、それに従って自分の行動を決め、気持ちすらも左右されています。

　子どもたちも同じです。そのことを基本的なこととして心にとめ、子どもをよく観察し、子どもの気持ちを察し、子どもに寄り添って指導していくことが大切です。

● 子どもを「わかる」こと「わかろうとする」こと

　どのような指導にしても支援にしても、共通するコツは、「わかる」ことです。

　コツ１でもお伝えしましたが、凸凹の子どもたちは、とりわけ「わかってほしい」と感じています。なぜなら、いつも「わかってもらえない」と感じているからです。

　また、愛着がまだ築けておらず、愛着障害になっている子どもは、特に「まずは、わかってほしい」と感じています。

　愛着障害の子どもたちの心理状態は、守ってくれる相手がいないことから不安で仕方がなく、恐怖の中にいます。そして、怖くて相手と向き合うことができず、相手の評価などには関心がなく、それよりもまずは「認めてほしい」、「わかってほしい」、「守ってほしい」と感じています。

　人間は、わかってもらえると力を得ます。そして、わかってもらえてはじめて、相手のことをわかろうとします。親ごさんがわかろうとしただけでも、子どもは親ごさんの指示に従おうとすることも明らかになっています。

　まずは、子どもを、わかることが、わかろうとすることが、子どもたちの指導に有効です。

　もちろん、わかるだけでは好ましい行動や考え方は手に入れられませんから、何か行動に違和感を覚えたり、ゆがみを見つけたら、それを好ましい方法に変えられるように導いていきます。そして、少しでも変えられたら、ほめたり、うれしがったりすることが大切です。

教え方のコツ

1 細分化して教えてからほめる

　子どもたちは、ひとつのことをまとめ上げることが苦手で、因果関係をつかむことも苦手です。つまり、一度にすべての流れを教えられると、わかりにくいのです。

　ですから、教える内容は細分化して少しずつの段階を踏んでスモールステップで教えます。そして、教えてからほめれば良いのですから、簡単です。

　また、凸凹の子どもたちは、自分がやったことや自分が納得したことしか受け入れないところがあります。そして、見ただけではやり方がわからなくて困っているところがありますので、やらせてみて、ほめるということが大切でもあります。

　そのとき、自力ではなく手を貸したり、ヒントを与えたとしても「自分でやった」としてほめることが有効です。先述した「できちゃった感」です。子どものやる気アップにつながりますし、子どもたちは「自分ができることが増えた」と感じ、世界が「恐怖」という意識を「大丈夫」に変えていけます。

1 細分化する

　細分化を、具体的にお伝えします。たとえば、あいさつです。

　教室に子どもが入ってきたとき、こちらが通常のように「こんにちは」と声をかけると、子どもが無視をする光景はよく見かけます。

　このとき、子どもたちは「いつあいさつをして良いのか（距離、タイミング）」、「どこを見たら良いのか」、「どのような加減（角度、速度、声の大きさや声色、言い方）で言ったら良いのか」、わからない、という課題を持っています。そのようなとき、細分化して教えるのが有効です。

1、いつ：まずは、【人に会ったらすぐに「こんにちは」と言いましょう】とします。人を見たら反応できるように教えます。

2、タイミング：日々、【最初に「お願いします」、最後に「さようなら」と言う】、もしくは【お辞儀する】ことを教えます。

3、どこを見る：【頬を見てあいさつ】と教えます。

4、速度：最終的には、【会ったら向き合って1秒たったらあいさつ】と進んでいきます。

　子どもの個性と学ぶ速度に合わせて教える内容を変えていき、もちろんできたら「あいさつしてくれてありがとう」とほめます。

　コツは、連写のように動きを分解し、子どもが進んだところを把握して、少しずつ上の段階に進んでいくという視点を持つことです。

　細分化してもまったくやろうとしない場合は、よほど「やれる気がしない」活動なのでしょう。そのときには、なんとかして「できちゃった感」を授けたいです。

　子どもはできる気がまったくしていないので、少しでも「できる」と感じてもらえれば、次の機会にチャレンジしてみる可能性があるからです。お勧めは、「経験させてできちゃった」とする支援です。

　たとえば、パズルをなんとしてもやらなくて済むように逃げていく子どもに対しては、遊んでいる場所に、パズルをさりげなく（実はずいぶんとわざとらしいかもしれませんが）持っていき、ちらっと見るだけでも良いので、こちらがパズルで遊んでみます。

　ときには、滑り台からパズルを流し、まずはかたちのあるピースに慣れてもらい、次にはめるという状態を滑り台から流しつつ見せて、興味を抱いて近づいてきたら触れさせます。そして、思いきりほめます。また近づいたチャンスを狙い、次は1ピースだけでもはめさせ、思いきりほめます。これをくり返し、自分ではめてみても良いと思えるように仕向けていきます。

　実際の例では、4回ほどで、自分ではめるようになりました。

　このように、いずれの場合にもスモールステップで分解して教え、ほめるということをすると、上手に教えられると思います。

2 気持ちを切りかえる支援

　凸凹の子どもたちを支援する悩みとして多いのが、切りかえができないことです。子どもたちには、怖いから同じところにいたい、怖いから同じことをしていたい、という気持ちが働いています。

　切りかえを促すには、「大丈夫」ということを伝えることと、「心構え」を与えることが必要です。

1 カウンティング

　カウンティングは、その名の通り数えて気持ちを準備させようとするものです。「3，2，1」と声をかけて行わせます。3秒以内や5秒以内、10秒以内などいろいろできます。行わせたい活動、心の準備の大きさに合わせて、選択すると良いでしょう。

　このときに、コントロールしようという気持ちが強いと、子どもは敏感に察知して従わないことが多いように思います。

　怖くて切りかえられないところに同情し、切りかえるための応援をするという意識で行ってあげてください。

「よしよし」と深呼吸

　気持ちの切りかえができないのは、安全な状態から安全ではないかもしれない状況に移ることへの不安が影響しています。

　「よしよし」で、不安でも揺れる気持ちでも「今は良し」で、その気持ちはよくわかることを伝えることが、彼らを応援することになります。

　そして、落ち着かない気持ちを抱えているので、深呼吸をして呼吸を落ち着かせ、脈拍を落ち着かせて、「大丈夫」と身体に教えることも大事です。

　身体が落ち着けば、心も落ち着きます。逆もしかりです。しかも、「落ち着くときには深呼吸をする」という癖づけは、「深呼吸をすれば落ち着く」というスイッチを、子どもの中につくることにつながります。スイッチをつくることができれば、今後の自己コントロールに役立っていくことでしょう。

3　ストーリーを変える

　先述の通り、集中するにはワーキングメモリを伸ばすこと、ビジョントレーニングでひとつのものをじっくりと見られる集中力をつけること、集中する癖をつけること（子どもの中のストーリーを変える）、粘り強く取り組む力（レジリエンス）を育てること、が必要です。

　ここでは、「ストーリーを変える」についてと「レジリエンスを育てる」についてお伝えします。

ストーリーを変えるコツ

　子どもが集中できないストーリーには、「どうせできない」「いろいろなものが誘ってくる」「すぐに行かないと忘れてしまう」などがあります。そのストーリーを持っている限り、子どもたちはそのストーリーのようにしてしまいます。

　そこでお勧めするのが、「少しだけ例外を指摘する」、「子ども自身のストーリーにする」、「細かに因果関係を伝える」支援です。

1　結果が少しだけ違うストーリーに

　いつもそうなるはずだと感じているところに、「結果が少しだけでも違うときがある」ことを伝えます。

「今回は、ちょっとだけ変えてみたら成功した」体験をさせます。このとき、子どもの行動とその結果を、わかりやすく伝えます。すると、子どもは結果について再考し、「いつも思っていたことは、違うときもある」と認識できます。そうなれば、新しい方法を受け入れることができるようになります。

② 子ども自身のストーリーにする

凸凹の子どもたちは、独特の感じ方の中で生きていますから、どうしても「みんなと同じ」になれないところがあります。「みんながそうしているから、あなたもそうして」という指導は、根本的に無理な場合があります。無理な場合、子どもは生きづらくなってしまいます。みんなではなく、その「子ども自身のストーリーにする」という支援が大切です。

③ 結果を分析して伝える

ストーリーを変える結果について、細かに分析して伝えてあげることで、子どもが本当の原因を見つけることを助けられます。子どもたちは、細かく見ずに勝手に省略してとらえてしまい、うまくいかないことがあります。

たとえば、「俺が近づくとみんなどこかに行く」と表現する場合を考えてみましょう。この場合、みんながどこかに行くときには、何かが起こっていることが予想されます。

しかし、子どもは「自分が近づくこと」と「みんながどこかに行くこと」しか、とらえていません。そして、「いつもそうだ」と決めつけています。

ここで、何が起こっているのかをよく観察し、「あなたがこうするとき、みんながどこかに行く」ということを、子どもに伝えます。

指導者は、今後の方向性が明らかになり、子ども自身は、上手なやり方を考えていけるようになります。

子どもが「省略してとらえているだろう」というところに、子どもの受け入れられる容量に合わせて、少しずつ結果につながる要素をつけ加えて伝えることが、大切です。

レジリエンスを育てるコツ

課題に対して最初から無理と決めつけていたり、自分はできないと決めつけていることが、凸凹の子どもたちには多いように思います。それは、粘り強く向き合う力が弱いからと感じます。

レジリエンスというのは、粘り強さのことです。このレジリエンスの強さが、人生の成功に必要だと最近注目されています。では、どのようにレジリエンスを育てていけば良いのでしょうか。

① ありのままを受け入れる

レジリエンスには、感情をコントロールする力や、自己肯定感、失敗の中でもいつかできると考える楽観性が大きく関係することがわ

かってきました。それらを育てることでレジリエンスは育ちます。

感情をコントロールする力は、特定の人に「ありのまま」を受け入れてもらう経験が必要です。

自分自身が不安定で恐怖の中にいると、相手がどう思うかなど考えられませんし、自分の感情をコントロールできる状態にもありません。

さらに言えば、気持ちは言語化されて整理されることで、コントロール可能になります。受け入れられていない場合には、気持ちのキャッチボールや感情を鏡として返してもらう経験が少ないため、自分の感情が整理されないままの場合もあります。

その場合、「自分が何を感じているかわからない」という状態になり、まったくコントロール不能ということになってしまいます。

まずは、受け入れ、感情を鏡として返し、感情を感じられるようにし、整えることが必要です。

そのうえで、「この感情のときにはこうする」という方向性や表現方法を与えると良いと思います。

② 1ミリでもできたらほめる

自己肯定感とは、自分を大切に思える気持ちのことです。自信とも言います。

自己肯定感や自信は、人よりも優れているから感じるものではありません。誰でも、長所もあれば短所もあります。できることもあれば、できないこともあります。それらすべてを含んで、自分がかけがえのない存在だと感じることが、自己肯定感です。

自己肯定感を育てるためには、上述の「ありのまま」を認める支援と共に、「社会の中で、自分でなんとかやっていける」という思いをつけること、「ちょっと上の課題を与え、努力させる」こと、「自分はいろいろあるが、良い人間だ」と思えるようにすること、によって育っていきます。

　１ミリでも成長を感じたら、すぐに子どもに伝えて共に喜び、むずかしい課題に努力させつつ、いつかできると励まし、「がんばった君が素敵」と伝えることが大事です。

③　行動を認め具体的に伝える

　子どもと接する中で、その子の強みや好ましい性質を見つけたとき、「具体的に素敵」「大好き」と伝えることが大事です。何よりも問題行動をしてしまったり、好ましくない行動をしてしまった部分についても「気持ちはわかる」「そういうときもあるよね」と認めていくことが大事だと思っています。

　そうした支援から、自分は「できるところも、できないところもあるけど、今はこれで良いのだ」と、思えるようになっていくと良いと思っています。

4 遊びながら楽観性を育てる

　最後に、楽観性についてです。楽観性を育てるには、「大丈夫感・自分ならなんとかなる」という感覚、そして、「社会や周囲の人々への信頼」が育っていることが必要だと考えています。

　それは、自己肯定感はもとより、身体の自信、周囲とのあたたかいやり取りによって培われると感じています。

　身体の自信を培うためには、ダイナミックな遊びをして、「どんな状況でもなんとかなる、大丈夫だ」と感じさせるような体験をさせて、声かけしていく必要があります。

　遊びでお勧めなのが、ムーブメント教育です。ダイナミックな動きを通して、体幹を育て、手先を器用にして自信をつけます。

　簡単にムーブメント教育を説明すると、7つの運動（這う、転がる、回る、跳ぶ、くぐる、登る、バランス）を組み合わせて遊ぶことです。

　基本的には、動ける子を対象にしていて、子どもの内発的な遊びたい思いに合わせて動きます。その中で、成功させて共に喜び、自信をつけさせます。また、遊びから子どもは学びます。色、数、扱い方などです。そのあたりも意識しながら遊びます。

　先述した、「ながら遊び」もお勧めです。跳びながらお手玉をする、バランスを取りながら風船バレーをするなど、ワーキングメモリを育て、身体の自信もつけさせ、さらには臨機応変さと「大丈夫感」を育てていきます。

日常の中の
社会性を教える**コツ**

　ＳＳＴ（ソーシャルスキルトレーニング）のむずかしさは、多く
の子どもたちがＳＳＴを嫌がることです。その理由は、４つあります。
　「１、ＳＳＴではイメージ力がないと考えられない」「２、上手に
伝えられない（ことばが不自由）」「３、考える力を非常に要する」「４、
押しつけられる感じがする」からです。
　凸凹の子どもたちは、イメージ力が弱く、ことばが不自由で（上
手に表現できない）、そのとき、どうしたら良いなどの答えを持って
いないのと併せて、どう感じるかが整理されていないことがあります。
　そして、最も嫌だという理由が、４の押しつけられる感じです。
私たちが、「この方法が常識的だ」「この方法がふつうだ」と教える
ことは、子どもたちの感じ方から、かなりはずれていることが多く、
「教えてもらったことはわかるが、実践は不可能」と感じている場合
があるようです。
　これは、当事者や子どもたちのことばですが、「あちら側の価値観
を、押しつけないでほしい」「どうしてもできないから、つらい」と
言っています。
　これらのことを心にとめて、指導していくことが大切です。

SST（ソーシャルスキルトレーニング）とは

● 円滑に社会生活を過ごすために

SSTは、「社会の中で、やり取りをスムーズにできるような社会性を培う」訓練や教育のことを言います。社会生活技能訓練などとも呼ばれることがあります。

社会の中で、相手から自分の望む反応を得るためには、上手に伝える、受け取るスキルが必要です。知識を与え、シミュレーションを行うことで、それらのスキルを身につけさせ、社会生活を円滑に過ごさせようとするのが、SSTです。

たとえば、人によってはなんの苦もなくできるあいさつが、凸凹の子どもたちは、教えられて、訓練をして、はじめてできるようになったりします。

ここでも、「人は、わかってもらってから、わかる」という性質を忘れてはいけません。まずは、子どもたちを「わかる」からはじめ、そのうえで、子どもたちがなぜその行動をしたのかを推し量れるようにする必要があります。

● SSTでは、より良いものを提案する

SSTでは、「イメージしやすいように絵で示す」、「端的なことばで示す」、「複雑に聞かない」、「敏感に子どもを感じて推し量り代弁する」、「気持ちを素直に伝える」、「数秒（私は3秒）考えてわからないようだったら、ひとつの案を教える」、が良いと考えられています。

また、シミュレーションが必要なら、似たような状況をつくって
シミュレーションさせ、1ミリでも努力が見られたら喜び、ほめます。
　SSTは、より良い方法を提案するものなのです。「子どもたちがこ
れならできる」と考えられることを提示し、できるように導くのです。
　また、SSTの教材は体験していない事柄について学べます。以前
に体験したことに類似した状況で、学び直すこともできます。実際の
場面に出会う前の予備知識として蓄え、実社会でスムーズに対応でき
るように導くこともできます。

● トラブルや悩みからも学べる

　実生活の中で起こったトラブルや子どもの悩みから、より良い方法
を共に考えて学ぶ方法もあります。そのことを押さえながらSSTを
行うと、より効果的に行えると思っています。
　ここで大切なのが、「答えは、ひとつではない」ことです。そして、
いろいろな方法がある中で、「子どもにとって良い方法を提示する」
ことが大事になります。

● ナラティブセラピーも取り入れると効果的

　ナラティブセラピーとは、心理療法、精神療法の一種で、過去のス
トーリーを自由に語らせ、新たなストーリーに変えていくことで、症
状を取り除くものです。
　人は、誰でもなんらかの理由があって行動したり態度に表したりし
ます。凸凹の子どもたちのSSTにも、考え方や理由を整えていくナ
ラティブセラピーが有効です。
　SSTで話を聞いたり行動を観察するときに、「この考え方を変えれ

ば、もっと上手にできるのではないか」とか「勘違いをしているな」という部分を見つけると思います。そこが、キラッと光る、刺激をすると良い部分です。

　子どもたちの感じ方をベースに、その部分を紐解き、生きやすいストーリーに変えていきます。

　刺激する部分を見つけたら、子どもたちの感じ方からそれが起こった経緯を推測し、確認していきます。そして、子どもにとって可能な解釈を与え、好ましい方法を提案します。

　その提案も、押しつけるのではなく共に考えてひとつの方向性を導き出すようにすると効果的です。

　このときのコツは、「あたかもあなたが目の前の子どものように感じる」ことです。

　それには、「わかる」が必要です。そのうえで、「この子だったらこう感じたかな」、「この子だったらできるかな」、「この子だったらやりやすいかな」、と考えてあげましょう。

　実際に考えて行動するのは子どもなのですから、私は、「〜かもしれないね」「〜みたいだけど、どうしたら良いかな」と問いかけながら行うようにしています。

　結局は、子どもに「考え方だけしか与えられない」とも考えています。考え方がわかれば、あとは子どもが自分で判断して行動します。それを応援することが、大切なのだと思います。

ほんとうに必要な支援は？

1　指導の中でかかわりの能力を育てるコツ

● トラブルはかかわり（社会性）を学ぶチャンス

　教室や相談をしていると、様々なトラブルについての相談を受けます。やはり、「どうにかしてトラブルを起こさないように」という思いが大きいように思います。

　それは当然なのですが、私は「トラブルはあって当然で、そしてそのトラブルは学ぶチャンスを与えられた」と考えるほうが良いと考えています。

　凸凹の子どもたちは、とりわけ多くのトラブルを起こすと思います。それは、幼いころの友達同士のいざこざの経験がとても少ないために、周囲より幼く遅れたいざこざを起こすために、目立ってしまい気になります。

　加えて、独特の感じ方があることで、どうしても周囲とずれが生じ、トラブルは起きてしまうのだと思います。わざとではないのです。そして、それは、家庭でのしつけのせいではないのです。

ですから、一つひとつのトラブルについて心を痛めたり、是が非でもトラブルが起こらないようにと躍起になるよりも、上手にできない部分を見つけたら「対処法を教えて、将来に備えるチャンスだ」と思ってください。

　確かに、迷惑をかけますが、子どもは基本的に手をかけられ、保護される存在です。子どものうちに様々なバージョンを学び、大人になったときに社会の中で少しでもトラブルを起こさないようになっていたほうが、良いではありませんか。

かかわりの能力・発達の段階

　私は、かかわりの基本は、個でのやり取りだと考えています。ここで、やり取りの発達について詳しく述べてみたいと思います。段階に分けて説明します。

第1段階 ： 人を認識していない段階

　第1段階は、甘えがまだ育っていない段階と言えます。まずしなくてはならないのが、1章でお伝えした「甘えを育てる」ことです。

　支援のコツは、「あ、かわいい」と思った瞬間や、「抱きしめたい」と思った瞬間を大事にして、実際に「ぎゅー」とすることです。

　また、パニックや問題行動の際には、すべての行動の意味を「甘えたいと訴えている」として、「いい子いい子」「ぎゅー」をします。

● 子どもをかわいいと感じるコツ:

「子どもが、かわいいと思えない」という方に、アドバイスです。かわいいと思うには、「この子がわからない」からは脱出しなくてはなりません。人間は、わからないことに脅威を感じたり嫌悪を感じる生き物なので、子どもが「わからない」は、子どもが「かわいくない」という状態になります。

子どもの認知世界（子どもの感じ方）を理解することで、子どもの行動の意味を把握でき、その意味を考えると、「かわいい」と思えるのです。最初は、「なんて不器用なの」という思いからかもしれません。しかしながら、そんな風にしか生きられない子どもを見て、それでも一生懸命だと感じられたら「かわいい」に変わっていくのです。

そして、子どものかわいさを存分に親ごさんに伝えていくことが、親子の関係をも改善し、子どもの発達を促していくのです。

第2段階：甘えがその他の人に波及していく段階

特定の相手に甘えられるようになると、徐々に他の人にも甘えられるようになっていきます。

甘えるというのは、「頼む」ことも含みます。特定の相手に、まず頼ろうとするところが出てきます。

そして、特定の相手の言うことはすんなり聞くようになります。少し大変なのは、その他の相手の言うことを聞かない状態になることがあることです。

このとき、「他の人が言うことも結構正しい」と、体験を交えて伝

えていくしかないと感じています。人は、1カ月すると腑に落ちてくるので、徐々に他の人も信頼できると思えるようになります。

● 因果関係を刺激するコツ：

他の人も信頼できるようになってくると、だいぶ他者とのやり取りができるようになってきます。その中でよく見られるのが、「自分にとって都合の良いようにのみ解釈する」ところです。

この頃、因果関係をつかみにくいことも手伝って、自分が傷つかない解釈を採用します。

成長のためには、ここで因果関係を刺激し指導していきます。そのときの注意点として、この時期の理解が必要です。

この時期は、まだ甘えが内在化（心の中に甘える対象が存在し、自分で安心をつくり出せる状態）されていない状態なので、まだまだ打たれ弱い存在です。

打たれ弱いということは、強く言ったりすることだけではなく「わからせよう」とする姿勢自体も、「攻撃」ととらえられてしまいます。そして、「攻撃」ととらえたものにはシャッターを下ろしてしまい、取り入れません。

なるべく、「～かもね」「～ということがあるよね」「～したら、こうなったね」と、さらっとさわやかに刺激する程度にすることをお勧めします。そして、「だから～しようね」と今後の対策をさらっと伝えます。

こうした日々のかかわりや指導で、徐々に社会でも出来事や対処法を学び、したため、社会適応を促していきます。

第3段階：友人を求めて遊ぼうとする段階

甘えられるようになって時間がたつと、自分から友達とかかわるようになってきます。「人と接していても大丈夫」と思えるようになったのだと感じる時期です。

○ 自己流の「解釈」を支援するコツ：

このときに課題になるのが、「自己流の解釈」です。広い視野がなく周囲を見渡せない子どもに顕著に見られます。それは、自分にとって楽な方法で社会の出来事をとらえてしまうことです。

たとえば、物が落ちたときに「何もしていないのに、物が勝手に落ちた」という解釈があります。自らが触れた感覚がないのか、自分がやったと思えないのか、それは不明ですが、子どもは「自分がやっていない」ということを採用します。

認めるには、自分の中にある判断材料が少ないからかもしれません。もしくは、認めれば謝らなくてはならない、拾わなくてはならないを回避するための解釈をしようとしているのかもしれません。

また、自分が最初に人のものを奪っておきながら、取り返されたときに「取られた」と怒る子どもがいます。これも、視野が狭く、かつ人が使っているという意識が乏しくて、そうなったのかもしれません。

しかし、本人は「取られた」という直近の結果しか意識できていません。こういうことが続くと、「自分はいつも友達におもちゃを取られる」という思い込み（ストーリー）を形成していくことになります。そのストーリーは、まったく社会性を育てません。

人というのは、自分の思い込みに沿って生きようとするので、「できない」という気持ちがあるとすると是が非でも「ほら、できないでしょ」という結果を導き出す行動をしてしまうのです。これも、自己流の解釈に入ります。

そこで、「おもちゃがあったら周囲を見るくせ」、「1メートル以内にお友達がいたらそのおもちゃを使っている可能性があるから貸してとお願いする」などを教えていくと良いでしょう。

○ 自己流の「表現方法」を支援するコツ：

この時期、友達を求めて遊びに行きますから、その表現方法でトラブルになることがあります。

冗談のような話ですが、「遊ぼう」の表現方法に「頭突き」や「ぶつかり」などの嫌がらせのような行動があります。これらの行動をすると、人が即反応してくれるので、本人は遊んでもらっていると感じていることがあるのです。

このとき、「ダメでしょ」だけでは、本人にとっては「ダメなことはわかったけれど、どう表現したら良いかわからない」になってしまいます。そして、新たな自己流の表現方法を探すことになり、それは、もっと反応してくれる、「より嫌な行動」になります。

支援のコツは、とにかくトラブルは、経験不足から起こっているのですから、起こったときに「正しく、好ましい方法を、その都度教えていく」ことにつきます。

どれだけカードで学んでも、テキストで学んでも、実際の場で戸惑ってしまうことがあります。その場で上手にサポートして成功体験を積み、基礎力と応用力をつけさせることが大切です。

第４段階：周囲の人を信頼し、自分でなんとかやっていく段階

　自分でなんとかやっていくことができるようになった時期でも、依然として思い込みは強くあります。

　しかし、今までの段階と違うのは「人に聞ける」というところです。割とどんな人にでも聞けるようになってきていますが、それは、「攻撃してこない」ことが条件になっています。

○「支援者は信頼できる人」を目指すコツ：

　凸凹の子どもたちは、「攻撃してくる」ものへの勘が鋭く、「押しつけてくる感じ」がしただけで、その人を避けたりします。聞いてきたときには、「押しつけない」配慮が必要です。「～かもしれない」「私はそう思う」というかたちで伝えましょう。

　この時期に必要なのは、子どもが相談できる、信頼できる人です。

　信頼できる人というのは、自分を攻撃しない人、認めてくれる人、否定しない人、押しつけてこない人と言えます。そうした態度でありながら、好ましい方法をさりげなくさわやかに教えてくれる人が、理想的な信頼できる人です。

　支援者は、この信頼できる人を目指すと良いと思います。そして、急がずにゆっくりと安定した支援が大切です。

2 　ＳＳＴでよく使う心理学と事例

　私の教室で、SST やカウンセリングで、子どもたちに「人間という
うものの性質」を理解させ、「どのようにしたら良いか」を学ぶため
によく使う支援をお伝えします。

　「こうしたほうが良い」の根底にある理屈を教えると、子どもたち
はよくわかってくれます。事例と一緒にお伝えしていきます。

人間という性質を理解する心理学・事例

1 　262 の法則・輪の感覚

○「262 の法則」：

　人間は、「何もしなくても好き」が 2 割、「どちらでもない」が 6
割、「何をしても嫌い」が 2 割に分かれるという性質と言われていま
す。これは、好き嫌いだけではなく、するか、しないかにも当てはま
ります。

　凸凹の子どもたちは、「みんなと仲良くしたい」「全員と仲良くでき
るはず」という思い込みがあり、できない自分を責めて苦しむところ
があります。それを崩すために「262 の法則」を使います。

凸凹の子どもたちは、好かれたいという思いと同時に、「嫌われたくない」という思いが強いと感じます。しかし、そのままだと人に合わせすぎて、生きづらい人生になってしまいます。自分を大事に、自分の気持ちを大切に生きていってほしいものです。

○「輪の感覚」：

　凸凹の子どもたちは、個別のやり取りではしっくりときているけれど、集団になると独占しようとしたり、離れすぎたりということがあります。その場合には、「輪の感覚」が不足しているのだと感じます。

　また、私たちは、一緒にいる相手が何人でも、その場にいればなんとなく輪の中にいるという感覚があるものです。しかし、凸凹の子どもたちの話を聞くと、「自分だけ輪にいない感覚」で、不安になっているということです。

　実際の支援では、人形を使って「なんとなくの輪の感覚」を説明し、そのあと親ごさんと先生、子どもとでシミュレーションをして、輪に気づけるようにしていきます。そして、「大丈夫」と思えるようにしていきます。

みんなと仲良くしたい花子さん

　花子さんは、小学生です。彼女はお父さんとお母さんにこよなく愛され、そのおかげで周囲にも甘えられるようになっています。そして、「周囲の誰からも好かれて、仲良くしたい」と思っています。

　しかし、女の子の集団はペアになることを好むところがあります。3人で遊んでいるときには、どうしても1人が余ることになります。彼女は、その1人になりたくないので、必死で1人の子を独占しようとがんばってしまいます。そして結果的には、1人になってしまいます。そのことを深く悩んでいました。

支援：そこで、「262の法則」と「輪の感覚」を教えました。「262の法則」は、どうがんばったとしても、「何をやっても花子ちゃんのことが大好きな子2割」と「何をやっても花子ちゃんのことが嫌いな子2割」に分かれること、そして「あとの6割はどちらでもないけど、どちらかに流れる」ことを伝えました。

　また、6割の子とどのような関係を築くかで、その集団にいやすいかどうかが決まること、6割の子を「花子ちゃん好き」に傾けるには、大好きな2割の子を大事にして楽しむのが大切なことも伝えました。

　「輪の感覚」は、近くにいるだけで良いし、近くにいれば後ろにいても、他の子が2人でペアをつくっていても「花子ちゃんが輪の中にいる感覚」があるのだと伝えました。そして、それらを目で見えるように具体的に人形を使って説明しました。

　すると、花子ちゃんは「わかった」と言って、気持ちが軽くなったと言っていました。学校でも大丈夫になったようです。

2 　マインドフルネス（瞑想）

　人は、まず「自分をありのままで認めること」が、自分の人生を歩むことにおいて必要です。認められることで、心が落ち着き、力が湧いてきます。

　どのような結果にしても、自分は精一杯やったはずです。それを責めることは、自分を傷つけることになります。自信を失うばかりです。

　そもそも人生は、失敗から学ぶものです。「自分はよくがんばった」と、ねぎらうことが必要なのです。

　その一環で、「今はこれで良し」と自分に言ってあげると、より良い自分に成長する活力を得ます。子どもたちに癖づけたいことばでもありますし、支援者が身につけたいことばでもあります。

　まずは、支援者が自分を認め、自分にやさしくなることが大切です。

事例　失敗すると、自分もみんなも許せない太郎くん

　太郎くんは小学生です。彼ははじめての事柄には自信がなくて手を出そうとしません。そのくらい、完璧主義で失敗が大嫌いです。

　知っているものでも、自分が思ったような結果が得られないときには、怒りがこみあげてきてしまいます。

支援：私は、太郎くんは「ありのままの自分」を受け入れることができていないのだと感じました。そこで、自信をつけさせ、かつ、ありのままの自分を受け入れられるような支援を行いました。

自信のない太郎くんには、どのような結果になっても「がんばった
ね、がんばったことが素敵」とほめ、怒っている彼には、自分自身を
抱きしめつつ「俺はよくやった」と自分で言ってもらい、呼吸をして
もらうようにしました。

　要するに、「できてもできなくても、がんばったあなたがとても素
晴らしい」ということを伝えることで、ありのままの彼を認め、自信
をつけようとしたのです。

　もちろん、向き合っただけでがんばりですし、前回より１ミリでも
成長すればほめます。

　子どもは自分の成長に気づきにくいところがありますから、些細な
ところにも気づいてほめることが、自信をつけるには大切です。

　その結果、彼は粘り強く課題などに向き合えるようになり、自分で
呼吸をして「よくやっている」と言えるようになっていきました。失
敗する自分にめげずに、怒らずに対応できるようになりました。

3　大雑把にしかわかり合えない・解釈は自由

○「人とは**大雑把にしかわかり合えない**」:

　人と人とは、目を向けると感情が大雑把に伝わってきます。そのとき、自分の感じたものを基準として考えます。

　人に無理に合わせていると、「合わせる＝人の気持ちや感情に無理に合わせる＝自分に嘘をつく」という構図になりますので、自分についている嘘や気持ちの違和感が、相手に大雑把に伝わってしまいます。

　人に合わせすぎて困っている子どもに対しては、合わせる必要がないという助言につながります。

　気持ちに正直に生きたほうが良く、気持ちを上手に相手に伝える方法を、子どもに教えていくことが有効だと考えています。

○「**解釈は自由**」:

　出来事についての解釈は、常にふたつあります。良い方向に考えるか、悪い方向に考えるかです。出来事は、自分にとって良いことだったとしたほうが断然幸せです。人の意図は、結局のところその発した本人にしかわかりません。どれだけ察してもわからないのです。ですから、人がした行動や発言に対して、解釈はこちらの自由なのです。

　それをわざわざ正しく解釈しようと努めて、悪い方向にとらえる必要はないと思います。どんなことがあったにせよ、自分にとって必要なことだったとし、今後の自分の学びにして、明るく生きていくほうが周囲にとっても幸せです。

「嫌われている？」と感じてしまう英子ちゃん

　英子ちゃんは中学生です。彼女は些細な反応から相手の気持ちを感じ取ってしまいます。その感じ方は独特なので、読み違えることが多々あります。

　また、人とのやり取りの経験不足から、「そういうときもあるよね」「次は気持ちが変わっているかもね」というように思えません。そのときに感じたことが、永遠に続くと思ってしまうのです。

　あるとき「嫌われている？」と感じてしまい、もう「自分は嫌われている」と思ってしまい、委縮してしまいました。

支援：甘えが発達していなくて、自分の存在に脆弱性のある子どもたちは、敏感に周囲を感じ取っています。空気を読めないのではなく、空気を読みすぎて相手の反応が読めなくて怖くて、縮こまっています。

　英子ちゃんには、「人間は大雑把にしか人の気持ちはわからない」「相手にしか気持ちはわからない」ことを伝えました。また、相手の気持ちは相手にしかわからないからこそ、受け取ったほうの自由に意味をつけられる（解釈は自由）ことを伝えました。

　具体的には、こちらの気持ちを読み取らせてみて「ほら、大雑把にしかわからないでしょ」と体験させました。そして、「そのときは、疲れていたのかもね」「嫉妬しているだけかも」というように、他の解釈を与える試みをしました。

　結果は、彼女の心が軽くなったことで明るく考えられるようになりました。すると、周囲も明るく楽しいところに集まるので、居場所を得ることができたようです。

4 人はなんとなく人に合わせる

　人は不思議な生き物で、一緒にいるとなんとなく相手に合わせるのです。そのときには、やはり「わかりやすい」ことが大切です。

　たとえば、「犬が好き」と言えば「私も好き」と言い、「犬が嫌いになった」と言えば「私も嫌いになった」と答えるようだと、相手のことを信頼できなくなってくるはずです。

　しかも、先述の通り大雑把に感情は伝わるので、「偽り」は伝わってしまいますから、嘘をついていることになってしまい、信頼を失います。

　また、「相手に合わせすぎる」と、相手はこちらのことが一切わからない状態になります。変幻自在に変化してしまうと、あなたという個性がわからないのです。コミュニケーションというのは、気持ちと気持ちのふれあいなので、気持ちがわからないと違和感があり、うまくいきません。

　自分を大切にして、自分の気持ちに嘘をつかず、合わせすぎずに自分を表現したほうが、うまくいくということになります。

　しかし、この境地に行くためには、「人への信頼」が必要だと思います。人は、自分に合わせてくれる、受け入れてくれるという信頼が必要です。

　そのためにも、まずは個別のかかわりで信頼感を高めて、受け入れてもらう経験をする必要があります。

合わせすぎて疲れている二郎くん

　二郎くんは、小学生です。「人には嫌なことをしてはいけない」「人には好かれなくてはいけない」「人から嫌われるような行動をしてはいけない」という思いが強い子です。

　一見、良い子なのですが、本人は大変生きづらい状態です。なぜならば、「自分のありのままを表現するとダメだ」というメッセージを常に受け取っているからです。常に気をつけないと、「人からは受け入れてもらえない」という思いを感じます。

支援：二郎くんには、まず、「自分はこういう人間だ」とわかりやすく示したほうが人とうまくいくこと、「自分はこれで良し」と思えることが、周囲とうまくやるには必要だと教えました。

　そして、「あなたは、ありのままで素敵だ」「あなたは、ありのままで完全だ」と伝えました。このことは、自分自身にしみこませなくてはならないので、彼自身にも言ってもらいますし、こちらもことあるごとに伝えていきます。

　結果、彼は自分のことを「ありのままでわりと素敵」と思えるようになり、よく笑うようになりました。

　また、理不尽なことをしてくる相手に対して、やめるように伝えられるようになりました。彼が自分を大切に思い、自分を守れるようになったのだと感じました。

5 許し合う

凸凹の子どもたちは、完璧主義のところがあります。

「自分も完璧じゃないと嫌」、「人も完璧じゃないと嫌」なのです。そうすると、自分も許せませんが、人も許せません。

ですから、「許し合うこと」を教える必要があります。それを教えるには、「人は失敗するもの」「失敗しても次にしなければ良い」「あなたもまわりの人も失敗するし、大丈夫」と、失敗の意味や解釈から教えていくことが必要です。

また、失敗したあとの考え方や、対応も教えます。考え方は、失敗したあとは、「よしよし。よくがんばったよ。今はこれで良し！」と、自分をねぎらうことを教えます。

態度としては、悪かった感じは表しますが、「がんばろう」「次はしないように」という意気込みを人に見せることは、とても感じが良いことだと伝えます。

自分を許せると、人のことも許せるようになるので、まずは考え方から教えていくと良いでしょう。

事例　正義感に燃える三郎くん

三郎くんは小学生です。彼は「正しい」にこだわりがあるようです。きっと、日々がんばって「正しい」を守ろうとしているのでしょう。しかし、マイルールで遊んでしまうところがあります。そのことは、まだ「正しい」にはつながっていないようです。深く観察すると、

マイルールは自分が負けそうなときや、失敗しそうなときに現れます。すべては、失敗を恐れることから出てくるものと考えられます。

あるとき学校で、先生が廊下を走ったときに「大人だから良いのだ」という言い訳をしたことに、彼は大打撃を受けました。理不尽すぎて、不信感になったのだと思います。「先生のくせに」「大人なのに」そんな言い訳をして通るのか、という不信感です。

そのことから、「先生を許せない」という気持ちになり、先生を信頼できないから、不登校というところまでいってしまいました。

支援：ここで気づくのが、「人は役割に対して完璧である、もしくは完璧でなくてはならない」という思いがあることです。「先生ならば守るはず」「先生なら、大人なら、自分が納得する答えをくれるはず」という思いがあるのだと思います。

それは、誰しも淡く抱いているとは思いますが、きっと「先生も人間だし、完璧は無理」と思って、私たちならあきらめるのではないでしょうか。そのあきらめが上手にできないのが、三郎くんです。

三郎くんには、「人って失敗するものだよね。失敗して学ぶしね。失敗しても、次に同じことしないようにしたら良いだけだよ。大丈夫さ」というように、向き合う課題や遊びの中で気にして伝えるようにしていきました。

このことは、人を許すことにもつながりますし、何よりも彼自身の自信につながっていきます。自分を許すことが、自分の自信にも、人を許すことにもつながるのです。

この支援の結果、彼は「仕方ないよね」を手に入れることができ、無事に学校生活を過ごしています。

6 影響の輪・正しいことをする

○「影響の輪」：

　世の中には、自分でなんとかできることと、自分ではどうにもできないことがあります。よくあるのが、自分でどうにもできないことに対して、悩み続けるということです。やさしくしてほしい、あの人に嫌われたくないというのは、自分ではどうにもしようがありません。

　そこで教えたいのが、「自分でなんとかできることか、否か」の判断材料です。自分でなんとかできるのは、「自分自身のことだけ」です。では、他のところはどうするかというと、「あきらめる」です。「あきらめ上手は、人生上手」です。

　明るく楽しく自分以外のことでは悩まずに過ごしていると、周囲がおのずから変わってくるものです。人は変えられませんが、自分が変わることによって人は変えられます。

○「正しいことをする」：

　SST の中で、どうしても自分の欲望に勝てずに反社会的な行動をしてしまう子がいます。そんな子どもによく言うのが、「神様と自分は見てるよ」です。そして、「それは、本当に正しいことなの？」と問います。すると、自分をモニタリングする力が育ち、行動コントロールが上手になっていく気がしています。

　どんな評価を下されたにせよ、自分が正しいと思ったことを行えば、人は必要以上に自信を失うことはありません。そのためにも、「自分は正しいことを精一杯やったんだ」と思えるように支援することが大事だと思っています。

事例 すべてを良くしたくて心を砕く千恵子さん

千恵子さんは、中学生です。部活で「後輩がバカにしてくる」「やさしかった同級生の友人が冷たくなった」「先生もどことなく冷たい」ということで悩んでいました。よくよく話を聞くと、「どうせ下手だし」「レベルが低いからって年下とばかり練習したくない」という気持ちがあるようでした。

支援：千恵子さんには、「後ろ向きな姿勢はあまり好かれるものではない」ことを説明したうえで、「どうせ私なんかとか、嫌だとか言う気持ちを持って練習しているのって、正しいことなのかしら？」と問いかけ、さらには「正しいこと、前向きなことをしていると神様は応援するよ」と伝えました。

そのうえで、「人の気持ち、わかる？」と問いかけ、わからないことを実感させます。次に、「人の気持ちって変えられる？」と問いかけます。変えられないことを教え、「影響の輪」の話に移ります。

たとえば、「自分がお腹がすいたら食べれば良いけど、他の人がお腹すいたというのはなんともできないよね」というように、結局は、自分のことしかできないことを教えます。

そして、「自分ができることに集中することで、自分の意識は変わっていくこと」を伝え、自分の変化に合わせて周囲は変わっていくのだということを教えていきます。

彼女はすっきりしたらしく学校で実践しました。正しいことをしようとがんばりました。結果、周囲はがんばりを認めてくれ、居場所を得たようです。

　怒りをそのままコントロールしたり抑え込むのは、不可能です。ですから、他の感情に変えてからコントロールします。怒りのコントロールのひとつの方法です。

　そのことばとして、「困ったな」があります。他には、「悔しいな」「悲しいな」「わからなくて不安だな」があります。状況に合わせて使います。たとえば、困ったから怒りが湧いてくるので、「困ったな」とつぶやくと怒りを抑えられることが多くなります。

　しかしながら、凸凹の子どもたちだと、「なぜ自分が困った状況に置かれなくてはならないんだ」と感じて、再度怒りが湧いてくることがあります。そのときには、「どうしたら良いかな？」「どうやったら改善するかな？」と、考えるように指導します。

事 例　　やりたくないことのときには必ず怒る史郎くん

　史郎くんは、幼稚園児です。史郎くんにとって、やりたくないことというのは、はじめてのことで「わからない」ものか、自信がなくて「できるかどうかわからない」もののことが多いと思います。そして、不安やわからない思いは、怒りに結びつくことが多いようです。

支援：教室では、事前に「できなくても楽しいゲームだよ」「できなかったら、あは♪」「できなかった、やっぱむずかしいな〜あはは♪と思ったら面白いんだよ」「誰がやってもむずかしいからできないこ

とがあるんだよ」と伝えています。面白がる様子を見本として見せることは、とても大事です。

　実践したあとは、むずかしくて暗雲が立ち込めてきたときに、「むずかしいね〜、困ったね」「問題解けないね、悔しいね〜」と気持ちを言語化します。

　怒ったときには「むずかしすぎるよね〜。大丈夫よ。誰がやってもむずかしいし、むずかしすぎて笑っちゃうよね」と伝えつつ、呼吸を促し、共に大きく呼吸をします。

　これは、そのときに感じた種類によって、ことばは変わっていくと思います。悔しさが強い場合には、「むずかしいね、悔しいね。呼吸、呼吸。大丈夫、きっとできるよ」と声をかけるでしょうし、同じくむずかしい場合には、「笑っちゃうね」と声をかけるでしょう。

　自分のせいではないことと、問題が悪いわけではないことも伝えていきます。

　結果、彼は悔しくても、むずかしくても、自発的に自然と呼吸をして、粘り強く問題に向き合えるようになりました。

　とりわけうれしいのは、むずかしすぎたときには、笑って「むずかしすぎるよ〜これ〜」と言って、休憩できるようになったことです。

8 それなりの距離感

　必ず嫌いな人はいますが、敵にしないほうが得策です。この世の中、協力体制でいたほうがお互いに得です。

　しかし、嫌いな人とはどうしても争いがちに、敵対しがちになってしまうという場合に、お勧めしたい方法があります。気持ちの持ちようと言えるかもしれません。

　それは、「それなりの距離感で過ごす」です。近づくことはお互いに危険なので、しなくても良いです。だから、「近づくでもなく遠ざかるでもない距離＝それなりの距離」で過ごすことが大切です。そのあたりの距離感を、凸凹の子どもたちにも教えていきたいです。

　それなりの距離感はそれぞれかもしれませんが、共通するだろうことは「あいさつだけはする」「仕事など必ず会わなくてはならないこと以外は近づかない」ということでしょうか。もし、お昼など共にしなくてはならないのなら、さりげなく近くは避け、向かい合うのは避けて距離をとるという工夫をする感じです。そんな工夫を一緒に考えていったら良いと思います。

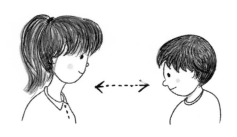

事例 苦手なのに仲良くしなければと悩む、りかさん

りかさんは、小学生です。学校の先生に「みんなと仲良くしなさい」と言われたことばをかたくなに信じています。そのために、苦手な子とも仲良くしていたために、精神的に追い込まれてしまいました。

支援：凸凹の子どもたちは、甘えの関係が育っていないうちは、嫌いな相手は「世界から消えてほしい」くらいに嫌いです。なぜならば、何かしらの害があり、自分を傷つけたり自分を脅かす存在の人だからです。弱いからこそ、自分が変わるのではなく相手が自分の世界から去っていくことを心から願ってしまいます。

りかさんへは、「262の法則」を説明し、同時に嫌いな相手とは近づかなくても良いと伝えました。どうしても嫌いな相手はいるので、嫌いな相手とは大概両想いだから近づかなくても良い、近づかないことが相手のためでもあることを伝えました。

しかしながら、まったく近づかなくて避けるのは「攻撃」にも似たことになるので、「それなりの関係」を保つことが大事だと伝えました。具体的に人形を使ったり、シミュレーションをしてみたりして学ばせました。

結果、それなりの距離がわかってきたようで、楽しく学校生活を送っているようです。

どこまで
支援すれば良いのかを
見極める**コツ**

　支援するとき、「ふつうに近づくように」と思ってしまうことがありませんか？

　しかし、「ふつう」とはどのようなレベルを言うのでしょう。そして、何を意味するのでしょう。

　社会になんとなく適応できていれば「ふつう」でしょうか。もしくは、コミュニケーションが巧みで周囲に好ましい影響を与え、多くの人に囲まれている状態が「ふつう」でしょうか。

　「ふつう」という概念は、非常にむずかしいです。

　「ふつう」というのは、特に変わっていないこと、ありふれていること、当たり前なことを言います。

　私たち自身を振り返ってみましょう。あなた自身は、特に変わっていないと思いますか？　あなたはありふれていますか？　あなたの感覚は当たり前でしょうか？　自分に問いかけてみてください。あまり自信を持って「そうだ！　私はふつうだ！」と言えないのではないでしょうか。少なくとも、私は言えません。

「ふつう」に近づくように支援すれば良いのか？

● お勧めは「ふつう」を目指さないこと

私の家族は事業主だったので、おそらくサラリーマン家庭の環境とは違います。各々の家に文化があるように、「当たり前」があると思います。それだけでも、私は変わっているし、ありふれていないし、感じ方は周囲の感じ方とはきっと違うので、当たり前ではありません。このように、「ふつう」は結構むずかしいものです。

そこで、私のお勧めは「ふつう」を目指さないことです。社会一般での「ふつう」とか「特に変わっていない」というのはとても主観的で、人それぞれで違うものだと思うからです。

● 子どもが２５歳になったときを想像する

子どもを支援するとき、最も考えなくてはならないことは、「将来、子ども自身が社会の中で困らないように」ということです。

支援していると、幼稚園で適応させる、小学校で適応させる、中学校で適応させる、という視点が強調されているように感じます。

しかし、人生を見てみれば学生生活は本当に短い間です。幼稚園、小学校、中学校、高校、大学と合わせたとしても 19 年です。卒業後、死ぬまではおそらく 60 年程度あります。卒業後の人生のほうが長いのです。

そこで私は、「25 歳のときに持っていたほうが良いスキル」を中心に教えています。

ほんとうに必要な支援は？

1 集団行動はどこまで必要か？

● 適応させるというだけの視点

　先生の言うことは絶対、という雰囲気が学校にはあると思います。こういう雰囲気に慣れることは、将来にとって必要なのでしょうか。確かに、上司など目上の人には礼儀を持って接しなくてはなりません。

　しかし、態度や言い方を教える必要はありますが、従うことを教えるのとは違うと思います。

　周囲に合わせることは、集団で動くときには必要でしょう。しかし、是が非でも、自分を抑えてでも周囲に合わせるというのは、誰にとっても大変なことです。そして将来、常に集団で動くことはあまりありません。

　しかし、学校では常に同じ行動、同じセンスを求めらることがあります。

どこにゴールを設定するか—1・集団行動

1 全体集会

　体育館などに、大勢の子どもと教職員が勢ぞろいして行う状況で、凸凹の子どもたちの気持ちを翻訳すると、「大勢が集まっているというだけで怖いし、雑音がしたり空気がよどんでいたりして吐きそう」。

　何が起こるかわからない、いつまで続くかわからないという環境で不安で仕方がなく、動きたいが動くことができず、ただただ耐えています。

　この状況に耐える力、適応する力を高めることが彼らの将来には必要でしょうか。私は、さほど必要ないように思います。学芸会、運動会、合唱コンクールも同じように思います。

　入学式、卒業式については、入社式などが執り行われるような会社では、多少は必要だとは思います。慣れておくというのは将来に役立ちます。

　しかし、軍隊のように静止するまで必要でしょうか。おそらく将来的には多少動いても大丈夫ですし、気分が悪くなったと言って席を立っても大丈夫でしょう。

　確かに、式の間は動きすぎると目立ちますので、なるべく静止したほうが良いことは伝え、将来にできるようになっていれば良いという考えで、ちょっとずつ進められたらと思います。できるまでは、目立たない場所でがんばるというのが、私のお勧めです。

2　授業・休憩時間

　授業、休憩時間については、将来、仕事と休憩の関係に波及していくと思いますが、注意点があります。

　通常授業は、1コマ45分間ですが、人の集中は10分間しか続かないと言われています。人は、通常10分ごとに自然と気を抜けているはずなのです。そのことを教えながら授業をするのは、とても有効です。

　また、体育や運動会での行進、整列は、将来のことを考えると、是が非でも行う必要はないと思います。

　姿勢を保つことは、普段の仕事のときには必要ないことですが、改まったときには必要なので、場合に分けて指導すると良いと思います。

3　給食

　給食においては、「残さないルール」は、食欲も感覚もそれぞれに違う子どもたちにとっては、大変です。

　「食べたくないもの」を食べるとき、人の脳は委縮します。大人になれば、野菜だけを食べたり、白いものだけを食べて生きている人もいます。何がその子にとって将来必要なのかを考えて、食生活の指導もしたいものです。

　25歳のときに必要なことは、「みんなで食べる楽しさ」「食物は怖くない」ことです。温かい雰囲気の中で自然と学んでいくことで、食べられないものが減っていくと思います。

● 将来に本当に必要なことを

　もし、集団行動を教えるならば、上手に合わせる方法と、それと同時に、自分自身や自分の個性を大事にすることも、教えていきたいものです。それは、きっと将来に必要なことです。

　学校によってルールも性質も違うというのは、支援する生徒さんからよくお聞きします。ある学校では、挙手せずに発言してはいけない、挙手にサインがあるなど、ルールは様々です。

　これらは学校独特のルールで、将来共通して必要とは思えません。これらに苦しみながら従うのが、将来にとって有効なのでしょうか。それよりは、大概において共通することを教えたほうが良いのではないでしょうか。

　以上のことから、学校だけを目標にして、適応することをがんばることをあまりお勧めしません。

　25歳のときを想像して、本当に必要なことを教えていきたいと思います。

どこにゴールを設定するか―2・特性

1 ことば・コミュニケーション

　ことばがない子の場合、親ごさんは早くことばが出るようにと焦っています。そして私たちも、この世の中のコミュニケーションは言語が中心ですので、できたらことばが出るようにと願っています。しかしも私たちは、言語のないコミュニケーションにどうしたら良いのかわかっていません。

　私たちは、「ことばが出るための支援」をしがちです。しかし、最近の医学でわかってきたように、言語が出にくいしくみが脳にある場合があります。そのとき、理解は進みますが（こちらが言ったことはわかりますが）、言語で表現することが非常にむずかしい場合があります。

　実際に支援した子どもで、こちらの言っていることはしっかりわかっているのですが、ことばが一切出ない子がいます。その子は、サインで会話をしています。

　その場合、まずは、子どもの気持ちを理解し、そのうえで表現や訴えに合ったサインを教えていくことが必要でしょう。そして、サイン

で表現できるように導き、さらに今後の成長を促すために、ことばが出るための支援をしたら良いと思います。 感覚やことばを整理してあげながら、子どもが共有したい、訴えたいという気持ちが高まるようにかかわっていくのです。

しかし、「ことばが出ないかもしれない」ということも、頭に置いておかなくてはなりません。

② 自傷行為

たとえば、おでこをたたく場合、多くの親ごさんや支援者は「消去（行動がなくなること）」を望みます。ここで考えていただきたいのですが、消去が最終的なゴールでしょうか。

私は違うと思っています。最終的なゴールは、「自分で怒りや不安をコントロールしていけるようになること」だと思っています。

おでこをたたき続けるというのは、怒りや不安の表れです。凸凹の子の場合、「わからなくて不安」が自傷他害行為の引き金になることが多いようです。

おでこをたたくことを本気でやめさせたいのならば、怒りや不安をコントロールすると共に、わからないことをわかるようにしたり、大丈夫感を高めることが必要です。

③ 国語の能力が低い

　凸凹の子どもたちは、気持ちがわからない、文脈が読めない、ワーキングメモリが少ないなどから、国語ができない場合が多いように思います。親ごさんは、教科教育について落ちこぼれることを嫌います。そして、親ごさんから相談を受けた支援者も、なんとかして国語の力が伸びるようにがんばります。

　気持ちがわからない場合には、気持ちを理解できるようにやり取りする力をつけたり、言語化して整理することで、できるようになってきます。しかし、完全なレベルになるには、生来の苦手さがあるためにむずかしいかもしれません。

　そして、文脈も気持ちを含んでいますし、流れを意味するのでワーキングメモリも関与してきます。ワーキングメモリは鍛えればなんとかなりますが、支援をしなければ自然にはそうは伸びません。

　気持ち理解とワーキングメモリの問題から、国語能力を「ふつうに」と願うのは、もしかするとむずかしいかもしれません。

　このとき、目の前の子どもの力に目をやってほしいのです。そして、「この子がどこまでわかるようになるか」を感じ取ってほしいのです。

　効果的に教えて、なるべく早く「わかる世界」に導きますが、「わからない部分もある」ということも、心にとめて支援を行うことが必要だと思います。ゴールは、それぞれに異なるのです。

4 運動会が恐怖

　運動会の練習が苦痛すぎて、不登校になってしまう子どももいます。なぜかというと、練習が単純につらいからという場合（体温調節が下手、身体バランスを保つのが苦手なので想像以上につらさを感じている）、やっていることがわからないから不安、はじめてのことが多くて不安（年ごとにいろいろ変わる）、突然にいろいろはじまるし、音も乱れていて不安で恐怖、やり直しなど突然に言い渡されて不安、などがあるからです。

　運動会に難なくいられる、指示に従って競技にも演技にも難なく参加できることが、運動会でのゴールに設定されがちです。確かにそれはゴールです。

　しかし、その子にとって、是が非でも運動会に参加できるようになることが、人生においてのゴールではないと思います。

　それよりは、将来、防災時のサイレンが鳴ったときのために、鉄砲の音が自分を脅かすものではないことをわかる機会にしたり、つらいときには、保健室に行くことを学ぶ機会にすることだったりするのではないでしょうか。

　また、「できないと思うことも、練習すると少しでもできるようになる」と自信をつけさせることが、ゴールかもしれません。

　そしてそれは、何年かかけて徐々に進んでいくものでしょう。子どもは成長するので、その都度ゴールは変わるのです。

3 幸せに生きていくにはどこまで何が必要か？

　私たちが、なんのために子どもを支援しているかというと、将来、子どもたちが困らないため、将来なるべく明るい未来をつかむため、安心に暮らすためでしょう。そのためには、「安心」「安全」「大丈夫感」を、広く持てるようにすることが大切です。

　では、子どもが将来困らない、将来に明るい未来をつかむ、安心して暮らすというのは、どのような状態を言うのでしょうか。

● 将来困らないためには

「将来困らない」というのは、「社会に適応する」ということを意味するのではないでしょうか。

　適応するというのは、「すべて自分でできる」ということではありません。逆に、自分ですべてできてしまって、人に頼らないほうが（人に甘えるのが下手なほうが）周囲とうまくやれずに社会に適応できません。

　困らないためには、個人の能力を高める前に、人に上手に頼る力（上手に甘える力）を育てる必要があります。そのためには、人に関して「周囲の人は安全」「周囲の人は信頼しても良い」ことを教えると共に、「頼り方」「甘え方」を教えることが必要となってきます。

　人のことを「安心」「安全」「大丈夫」と思えるようにすることがまずは大事なのです。

● 明るい未来をつかむためには

「明るい未来をつかむ」というのは、どのような状態でしょうか。きっと、才能や適性のある職について楽しく暮らすことでしょう。これを可能にするには、どのようなことが必要なのでしょうか。

才能とは、その人が息を吐くように簡単にできることを言います。がんばって苦労してなんとかできるようにすることとは、違うと思えます。できないことをできるようにするよりは、なんとか苦痛が少なくできることを、長く続けられるようにするほうが現実的ですし、苦労も少ないでしょう。

あまり厳しくつらいことをさせてしまうと、二次障害になる可能性も大きいので注意が必要です。二次障害になってしまった場合、明るい未来とは言えないでしょう。

結局、明るい未来を手に入れるためには、適性を判断し、苦痛を与えすぎることなく、続ける力をつけさせるということが、ゴールになるでしょうか。ここでの注意は、続けられる時間はそれぞれに異なるということです。

● 安心して暮らすためには

「安心して暮らす」というのは、物質的な環境も人的な環境も、安心で安全な状態を言うのでしょう。そのためには、できるだけ身の回りにある多くのことについて、「大丈夫感」を授けることです。

その「大丈夫感」も、「すべての事象について大丈夫」と思える子どももいますが、「多少は大丈夫」、「まったく大丈夫ではない」と思う子どももいて、感じ方は様々です。

とりわけ、親ごさんとの間に甘えが発達しているか否かで差があるように感じます。甘えが育っていない場合には、子どもはずっと恐怖の中にいるので、「大丈夫感」は、かなり狭い範囲でしか感じられないかもしれません。親ごさんとの間に甘えが育っていれば、経験したものの多くを大丈夫と思えるでしょう。ですから、ゴールは甘えが達成できてからの期間と経験値とに左右されます。

このように、それぞれの個性、成長段階によってゴールが異なることを、把握しておかなくてはなりません。

第3部

支援者の
あり方編

良い職場をつくる**コツ**

まず、スタッフの心が安定していなければ、良い支援はできません。安定していない人とは、どんな人もうまくやっていくことができません。それは、スタッフ同士も同じですし、子どもだって同じです。

職場をうまく回すには、人が育たなくてはなりません。仕事を続けてもらい、技や知識を磨いてもらうことが必要です。育つためには、教えられる先輩がいなくてはなりません。

また、スタッフ間でのコミュニケーションがうまくいき、人間関係がうまくいっていることが、仕事を長続きさせます。

そして、労働の意欲は「やりがい」と大きくかかわっていますので、いかに「やりがい」を持ってもらうかも、継続には大切なことです。

では、そのためには何が必要でしょうか。

スタッフ自身の心の安定が実現する環境づくり

● 先輩から後輩へ

　人は、安心してリラックスしている状態が最もパフォーマンスが高いことがわかっています。そためには、「安心」が必要です。

　安心というのは、決して傷つけられないという保障があることを意味します。それには、スタッフ一人ひとりの人間関係の培い方や意識の熟練が必要となります。

　しかも、この特別支援教育という分野は、よくわからないことがまだまだ多い分野のため、「安心」ができづらい状況です。その中で、安心を提供するには、やはり常に勉強し続けることが必要です。そして、先輩から後輩に伝えていける体制も大切なのだと思います。

　最後に、やりがいを高めるためには、おそらく自分が役に立てたという「自己有用感」や、自分がこの組織にとって重要だと思える「自己重要感」が大切だと思います。

　その思いを常に伝えていけるような環境を、組織の管理者はつくっていく必要があると思っています。

スタッフで共有したいこと

1　人間関係を良くするために

1　相手の気持ちを考えて伝え合う

● 自分の気持ちより相手の気持ちを考えて

　まず、聞くことが大切です。そして、ただ聞くのではなく、その人の気持ちになって聞くことと、それに対する応答が必要です。

　自分がどう思ったかではなく、話している相手がどのように思ったのかを考える必要があり、そしてそれを、相手にことばで返すことが必要です。

　たとえば、「徹夜で勉強して、とってもつらいのに、成績が思ったより振るわなくて……」ということを相手が言ったとしましょう。そのときに、「徹夜なんかしたの！」という自分の気持ちを言うのは、好ましくありません。

　相手にとっては、批判されたと感じてしまいますし、わかってくれ

ないという思いを抱かせてしまいます。それでは、良い関係はつくれません。

　相手の気持ちを考えると、「徹夜してまでがんばったのに、結果が出ずに悔しい」という思いがあると感じます。そのことを、相手に返すのです。相手はわかってもらえたと感じられ、人間関係がうまくいきます。

　次に、「私」を主語にする「私メッセージ」です。これは、最も相手に批判的に映らずに争いが起こりにくい言い方だと言われています。対して、「あなた」を主語にする「あなたメッセージ」は、どうしても批判的になってしまいます。

　たとえば、ドアを閉めてほしいときに「私は寒いからドアを閉めてほしいな」と言う場合と、「あなたがドアを閉めないから寒い、閉めてよ」とでは、かなり印象が違います。

　なるべく「私メッセージ」で伝え合うようにすると良いと思います。

2　相手の失敗をねぎらう

● すべての結果は精一杯やった結果

　人は、責められるのが大変苦手なものです。なぜならば、過去についてはどうにもできないからです。どうにもならないことを責められると、本当に嫌になるものです。

人は、悪意がない限り、わざと失敗することはないでしょう。ですから、すべての結果は、その人が精一杯やった結果です。それは、他人だけではなく自分に対しても言えることです。

　しかし、私たちは結果が悪いと「自分の努力が足りなかった」「運が悪かった」「あいつのせいだ」などなど、いろいろなものを責めてしまう傾向にありませんか。そして、結果について恨むことはするけれど、「自分ががんばった」とは、あまり思わない傾向にあるのではないでしょうか。

　それは、日本の文化が謙虚こそ美徳、努力こそ美徳、自分に厳しいことこそ美徳とするところにあるのかもしれません。確かにストイックなほどに努力家な人は、力をつけていくでしょう。

　そして、「何かができた自信」を積み重ね、それなりに自信はあるのでしょう。しかし、何かができたことによる自信はもろいところもあります。なぜならば、もっと良いものに出会ったときに、否定されることがあるからです。満たされることはなかなかないのではないでしょうか。

　そして、自分が満たされていないと、なかなか人のことを満たすことはできないのが人間です。組織の中で、そして周囲の人々の中で明るく楽しく協力し合って生きていく生き方とは遠い気がします。

● 精一杯やったことをねぎらう

　人というのは、自分の考え方を人と向かい合うときに反映させてしまうものなのです。

　たとえば、自分に対して失敗したときにかけることばが「何かが足

りなかった」「努力が足りなかった」だとすると、どうしても人に対しても同じように声をかけてしまう傾向にあります。

　すると、声をかけられた相手はどう感じるでしょうか。いたたまれないでしょう。悲しい思いになるのではないでしょうか。

　わざとそのような結果にしたわけではないのに、不足を言い渡されるわけですから、今後失敗した報告をするのが嫌になるのではないでしょうか。

　そしてついには、失敗しないように恐れて生きていくことになるのではないでしょうか。これでは、良い組織もつくれません。失敗を恐れていては経験が積めません。そして失敗を報告しないことには助言も得られず経験値も上がりません。

　実は、わざと失敗したかのように見える場合も、精一杯の結果と見ることができます。それは、「問題行動」のとらえ方と同じです。

　同様に、子どもにとっても良くないでしょう。子どもは、特に成長真っただ中で、失敗しながら学んでいくものです。そもそも世界を知らないというところからはじまっているので、失敗して当然なのです。

　では、どのように受け止めていったら良いかというと、基本的に自分もどんな人も「精一杯やったのだ」と思うのです。誰もがどんな結果になろうとも、「精一杯やったのだ」と認め、ねぎらうことが大事だと思います。

3 自分のこともねぎらう

● 自分を認めることから

人を認めて、人とうまくやっていきたいと思うなら、まずは自分をねぎらうことからはじめましょう。先述のように、自分に対する対応が人への対応になるからです。

では、どのようにするのか、とにかくどんな結果も、「精一杯やった結果だ」と思うこと。そして、「よくやったよ」「自分はよくやってるよ」「よしよし」「今はこれで良し」と声をかけることです。そうすると、自然と自分を認められるようになってきます。

自分を認めるには、「自分の気持ちを感じても良い」と自分に許可し、気持ちを否定しないことが大切です。そして、「私がそのように感じるのは自然なことだ」と認めることです。何があっても「よくやった」とねぎらうことです。

関連し、何があっても「それは、自分にとって学ぶために必要なことだった」として、出来事の意味を考えるようにします。必ず良い方向に行きます。

人は、がんばりを認められると、どのような結果だとしても自分自身を認められたと感じるものです。これを行うことで、自分のことを認められ、自分はこれで良いのだと感じられ（自己肯定感）、自信もついてきます。

自信は自分が行った行動の結果を受け止めることからできてきます。すると、相手のことも大事にしていけるようになり、人間関係は好転しますし、教育スキルも格段にアップします。

人は、健全なものに触れて健全に育つのです。そして、人に大事にされることで、人を大事にすることを学ぶのです。

● 自分の自信は、子どもたちの自信に

自分に対してねぎらいのことばをふんだんにかけていくことは、自分の自信だけにとどまらず、子どもの自己肯定感や自信につながっていきます。

子どもは、まだ自分で自分を慰めることができませんから、それを助けるのが親であり支援者である外部の刺激です。なるべく、自分を認める声かけを自分でできて、自己コントロールができていくように、子どもを導きたいものです。

4　怒りをコントロールする

　怒りというのは、自分を守るために必要な大事な感情です。抑えるものではありません、感じても良いのです。

　しかし、怒りをそのまま表現すると、人間関係は崩れてしまうことがあります。そこで、怒りをコントロールする6つのコツをお伝えします。

① 　怒りを感じた根元の感情を突き止める
② 　根元の感情を言語化する
③ 　深呼吸しながら6秒置く（怒りのピークは6秒であり、感情は長くは続かない）
④ 　困ったな、仕方がないな、衝撃を受けたんだな、とつぶやく
⑤ 　よくやった、とねぎらう
⑥ 　大丈夫、とつぶやく

　怒りのコントロールを上手にすることは、人間関係を制します。そして、特別支援教育においてのエキスパートになれます。なぜならば、怒りのコントロールが最もむずかしいことだからです。

　当然、自分が怒りのコントロールを上手にできなければ、人に教えることはできませんので、ぜひ、怒りのコントロールを身につけてから、子どもたちに教えていってください。

5 なりたい自分になる努力をする

「なりたい自分になる努力をする」ことは、「なんのために勉強する
のか」「なんのために仕事をするのか」の答えです。

すべては、「自分のなりたい自分になるために」努力しているので
す。人のためではありません。また、人から良い評価を得るためでは
ありません。人は成長し続ける存在であり、自分の成長を願ってやま
ない存在です。それを、前提としましょう。

だからこそ、相手の成長を認めて伝えることも大事です。そして、
自分の成長も気づいて自分をほめることも大事です。これは、子ども
にもぜひ伝えたいことです。

【やってみせ、言って聞かせて、させてみせ、ほめてやらねば、人
は動かじ】

これは、山本五十六のことばです。暗記したいくらいに大事なこと
ばだと思います。

見本を見せなければ、やり方はわかりません。説明しなければ、理
解できません。動かし方などやらせてみなければ、実際の方法は身に
つきません。そして、最終的にはほめてやらなければ、それが良かっ
たかどうかがわからず、習得できません。

「教えてからほめる」という手順が、教育に必要だということを、
忘れてはなりません。

2 愚痴を言わない環境をつくる

● 前向きな環境をつくるには、自分が愚痴を言わないこと

環境を良くしたい、良い環境で働きたい、それは、みんなの願いで
しょう。では、良い環境とはどのような環境でしょうか。あなただっ
たら、どんな環境で働きたいですか。

きっと、共に働く人々が温かくて、周囲の人々が認め合えていて、
協力し合えて、わかり合って、自分の力が発揮できて、重要感を味わ
えて、役立っている感覚を得られて、という前向きで明るい環境なの
ではないでしょうか。私なら、そのような環境で働きたいです。遊ぶ
ように働いていたいと思います。「そんな理想の環境なんてつくれる
わけがない！」と思うかもしれません。しかし、一人ひとりが少しず
つ努力をすることで可能になります。

その努力は、「愚痴を言わないこと」です。そしてそのためには、
前向きに考える、肯定的なことばしか言わない、まず聞き、理解する、
人を変えようとしない、ねぎらい合う、ことが大切です。

● 愚痴を言い合う関係でワクワク働くことは不可能

「愚痴」は、言っても仕方がないことをつらつら言うことです。こ
れは、負のエネルギーに満ちています。その場が暗くなりますし、明
るい気持ちが持てません。人は、明るく楽しいところに集まる習性が
ありますから、本当は愚痴で暗い場所にはいたくないのです。

愚痴を言う関係でよくあることですが、仲が良いように見える相手の愚痴を、相手のいない場所で言っていたりします。このとき、関係はそのうちに破綻するか、それなりの関係で進むでしょうが、信頼関係を築くのはむずかしいでしょう。

　わかってはいるものの、群れるしかなく、愚痴を一緒に言うしかないと思っている方も多いでしょう。それも当然です。人間関係にみる愚痴は、コミュニケーションツールになっている場合もあるため、なかなか愚痴を絶つのは、むずかしいことのようです。

　しかし、そうなると「安心して素直にワクワクと働く」ことは、むずかしくなってくるでしょう。組織は、良い方向に向かいません。愚痴は組織にとってマイナスです。

　仕事を成功させる秘訣は、ワクワクすることを大切にすることです。遊ぶように仕事をすることで、成果を最大限に上げることができます。そんなことは、組織にいるときには不可能だ、と言われそうですが、できます。一部のワクワクを大切にするのです。

　先輩は、自分が「ワクワクすることは何か」を把握し、後輩に伝えていくことや、後輩が「ワクワクしていること」を見つけて、本人に伝えていくことが、ワクワクしながら仕事ができる職場にするために、必要なことだと思います。

● 愚痴の本質を理解する

　では、どうしたら愚痴を止められるのでしょうか。そして、どうしたら愚痴を言う周囲と距離を置くことができるのでしょうか。また、愚痴を言う周囲の中で、どうしたら愚痴にまみれるのを防ぐことができるのでしょうか。

まずは、愚痴の本質を理解してみましょう。愚痴の本質は、不満や嫉妬です。今の自分の状況の原因は自分ではなく、他にあると考えていることが根底にあります。自分が愚痴を言わないようにするには、今の状況を他のもののせいにしない癖をつける、自分にできることは何かを考える癖をつけると良いと思います。

① 愚痴から距離を置く

　愚痴を言う周囲と距離を置くには、さりげなくフェードアウト、同意しない、透明人間になる、変人という立ち位置で会話に入らない、などの方法があります。

　さりげなくフェードアウトは、「そうなんですね」と相槌を打ちながら、「〜をしないといけないので」と静かに抜ける方法です。

　仕事をするためであれば、相手も嫌な気分にはならないでしょう。人は、理由があれば許せるものです。

　同意しないということは、常に「あなたはそうなのね」という姿勢を貫くということです。

　そもそも愚痴は、言っている人は自分の言い分が正しいことをわかってほしくて言っているので、こちらは気持ちをわかってあげれば良いのです。「あなたはそう思うのね」「あなたの思いはわかりましたよ」という姿勢で満足してくれるでしょう。

　この姿勢でいる利点は、自分の評価を守ることです。同意してしまうと、共に愚痴を言ったことになってしまい、回り回って必ず自分の評価は落ちていきます。それを防ぐのです。

　中には、同意してくれないと気が済まない相手もいるでしょう。そ

ういう相手の場合には、気持ちをわかったうえで「あなたがそう思う
のは自然なことですね」と、あくまでも「相手の思う気持ちを理解し
た」ことを伝えると良いと思います。

　しかし、これはカウンセリングマインド的な要素があるので、少し
むずかしいかもしれません。

　そこで、お勧めしたいのは、「透明人間になる」です。群れていな
くてはならないけれども、愚痴は言いたくない場合、自分が積極的に
愚痴を言ったという事実をつくらないためにする方策です。

　決して、意見を言いません。常に相槌、「そうなんですね」とのみ
返し、存在感を消します。ギャラリーの１人になりきるのです。

　もちろん、あなたが気持ちよく過ごすには、あなた自身が愚痴を言
わないように気をつけることが必要でしょう。人というのは、周囲の
人に感化されやすいので、少しずつ前向きな環境に、あなたが変えて
いってください。

2 定規の法則

　当然、他人というのは、自分とは感じ方も行動も表現方法も違うものですが、ついつい「人と自分は同じ感じ方」と考えがちです。そうすると、自分の考えや感じ方を人に押しつけることになり、コミュニケーションはうまくいきません。人は、受け入れられたときにはじめて相手のことを受け入れます。

　しかし、どうしても受け入れがたい考えをしている人もいるでしょう。反発したくなるかもしれません。そんなときには、「定規の法則」がお勧めです。

　「定規の法則」は、私が名付けたのですが、目の前に定規をイメージします。定規を縦に使うとバロメーターですが、横に置くと分類する数直線と考えることができます。

　この定規の法則を使用すると、嫌というバロメーターではなくて、「〜する人」と分類する意識に変えることができます。そうすると、「あなたはそうなのね」と理解し、受け入れがたい人も減ってくると思います。

3　悩むな、考えろ

　人というのは、実は悩むのが大好きです。しかし、脳波は悩むほどに委縮しています。あまり悩みたくないですね。そこでお勧めしたい考え方が、「悩むな、考えろ」です。

　どんなに願っても、過去には戻れません。過去の失敗から必ず何かを学んでいるはずです。その意味を考えるほうがよほど大事です。学んだからこそ「ではどうするか」を考えることができるでしょう。そこから学び、より良い未来をつかめば良いのです。こうした考え方こそ、前向きに考えるということです。

　自分がどんな人と共にいたいかと考えるとき、きっと「前向きな人と共にいたい」と考える人が多いでしょう。それは、子どももあなたの周囲の人も同じです。子どもを支援する立場の人こそ、前向きに考える癖をつけて、その考え方を子どもに伝えていっていただきたいと思います。

　山本五十六のことば、「話し合い、耳を傾け、承認し、任せてやらねば、人は育たず」。そんな姿勢を持ちたいものです。

　また、「やっている、姿を感謝で見守って、信頼せねば、人は実らず」。できると信じて見守り、やってくれることを感謝し、信頼することで人は成長するということです。

　人は、信頼されていると、信頼を裏切らないようにがんばるものです。感謝されればもっと役に立ちたい、感謝に応えたいと思うものです。見守られて安心の中でこそ力を発揮でき、成長していけます。これは、組織の中でも、そして、子どもの教育でも貫きたい姿勢です。

コツ 8 支援者自身が 幸せになる**コツ**

　前述したように、人は安心しているときや、リラックスしている
ときに、最も力を発揮できます。そして、安心できる相手からの刺
激は受け入れられますが、安心できない相手からの刺激は拒否した
くなるものです。

　子どもに安心してもらうために大切なことは、「ありのまま」を認
めて、「そのままで大丈夫だ」と伝えていくことです。

　相手に受け入れられたと十分に思ったときに、子どもは変わろう
と行動するものです。

　相手のありのままを認められない人は、自分についても「ありの
ままで完全だ」とは思えず、どこか不足で、かけた存在だと感じて
いるように思います。そうすると、「自分も常に不足を補おうとがん
ばっているのだから、あなたも不足をなんとかするようにがんばり
なさい」という意識になってしまいます。

　子どものありのままを認める前には、自分自身の「ありのまま」
を認めることが必要なのです。

1 「できないかも」という不安をなくす

　まず、「自分なら大丈夫」「自分ならなんとかできる」と思えるようになりましょう。そのために、自分の今まで生きてきた中で「できたこと」を思い出して、書き出してみましょう。「できそうにないと思ったけど、できた経験」が、特に有効です。

　ストーリーを実現しようとがんばるのが、人間です。「自分には自信がない。絶対にできる気がしない」「自分にこの子の面倒を見るのは無理だ。できる気がしない」というストーリーも、例外を提示することで、「あのときも確かにできた。だからきっとできる。大丈夫」に変わっていきます。自分の人生の中で思い込みの例外を探して、「それは思い込みじゃないの？ あのときできたよね！」と自分に教えてあげましょう。

　また、人は「わからない」という思いでも、不安になってしまいます。子育てにおいては、「子どもがわからない」という思いが不安にさせます。それは、親ごさんも支援者も同じです。

　では、何をしたら良いかというと、少しで良いから凸凹の子どもたちの世界を知ることです。最近では、当事者たちの手記や当事者研究が盛んに行われていて、本も多く出版されています。1冊で良いから読み、世界を知っておくことが必要です。

　そうすると、「こう感じているかもしれない」と予測がつくようになり、多少は「わかる」ようになります。少しわかってくると不安ではなくなり、安心できるようになります。そうすることで、「自分は大丈夫で、なんとかできる」と思えるようになります。

2　自分の素敵さを認める

　なぜ、自分の素敵さを認めることが大切かというと、そうでないと引け目を感じてしまったり、「がんばって価値を出さないと認めてもらえない」と感じたりしてしまうからです。「そのままで価値がある、素敵な自分」という意識を持つことが必要なのです。

　また、自分自身をありのままで認めることができないと、相手のことを認めることもできません。「何かができるから、何かがあるから価値がある」などとしてしまうと、支援者としても良くありません。

　まずは、自分の良いところを書き出してみましょう。もともとある性質、人から良いとほめられた経験のあるところ、がんばったところ、たくさんあるはずです。もし、ひとりではむずかしければ、仲の良い人に手伝ってもらい、良いところを教えてもらってください。

　そうすると、自分が素敵なことに気づきます。そして、素直に認めてください。「自分はありのままで素敵だ」と、「ありのままの自分を相手は認めてくれる」と気づきましょう。肩肘の力が抜けてきます。

　さらに試していただきたいのは、自分の情けないところをも素敵とすることです。

　人は、それぞれに凸凹しているもので、自分では欠点と思えている部分があるものだと思います。その凸凹を不足ととらえたり、なんとかしなくてはならない点と思うのではなく、素敵なところとしてしまうのです。そうすると、「自分がありのままで相手に認めてもらえる存在だ」と感じられるようになります。

　ぜひとも、自分を「ありのままで素敵だ」と思えるように導いてください。

3 自分を上機嫌にする

　人というのは、明るいもの、楽しいものが大好きで、その場所に集まります。明るく楽しい職場で、明るく楽しい人々と、明るく楽しく過ごせることが、幸せと感じるでしょう。その場所ではきっと素直で自分自身も明るく楽しく振る舞えるでしょう。

　このことが、子どもにも起こるのです。スタッフにも同じことが起こるのです。ですから、明るく楽しく過ごす努力が必要になります。

　では、どのようにしたら良いかと、それはもちろん「前向き思考」です。加えて、「自分を上機嫌にすること」をがんばるのです。前提として、「自分で自分の気分は決められ、変えられる」を確認しておきます。

　上機嫌にするには、「自分に起こることは、すべて自分の幸せにつながっているから大丈夫」と思い込むこと、そして、「自分の気持ちを大事にし、自分のやりたいことをする」「自分が喜ぶことをする」ことが大切です。

　自分が喜ぶことをするというのは、自分が思わず「うれしい！」となってしまうことを行ったり、うれしいものに囲まれるように環境を整えたりすることです。

　私の場合は、ヒノキの香りが大好きなので、仕事の合間に、ヒノキの香りをヒノキチップにしみこませて嗅ぐということをしています。玄関にもヒノキの香りを充満させています。このおかげで、私は常に上機嫌です。そして、「明るい、楽しい、大好き！」をモットーにすると、かなり明るく楽しく生きられます。

4　楽しさを周囲に伝える

　あなたは、発達支援に従事していますが、そもそも何に心惹かれて
この世界に入ったのでしょうか。そこに、心の底からあなたが求める
何かがあると思います。それを、自分に問いかけてみてください。

　ある人は、子どもたちと楽しむこと、ふざけること、子どものたま
り場として子どもたちが楽しむ姿を見ることと言っていました。その
人は、その楽しさを実践するためにがんばっています。

　求める何かが見つけられたら、その楽しさを周囲に話してみてくだ
さい。そして、その楽しさを日々表現していってください。そうする
と、知らず知らずのうちに周囲に楽しさが伝わり、その楽しさを共感
できるようになっていきます。どんどん仕事は楽しくなっていきます。

　さらに、楽しさを伝えると、支援している子どもたちにも親ごさん
たちにもその楽しさは伝わり、理解され、共感されて、楽しさは何倍
にもなり、周囲にも恵まれていきます。

　これは本当なので、ぜひとも楽しさを見つけて、どんどん伝えて
いってほしいと思います。

⑤ 感謝の気持ちを湧かせる

　楽しくしよう、上機嫌にしようと思っても、なんともならないくらいに落ち込むことはあると思います。そこで、落ち込んだときにぜひ行ってほしいことがあります。

　まずは、落ち込むような出来事は、あなたの能力が低いせいではないし、あなたのせいではありません。そのような出来事は、すべてあなたが学ぶために起こるのだと思いましょう。落ち込むような出来事の意味を考えるようにすると、無駄に落ち込みません。反省は必要ですが、後悔はまったく不要です。

　なんともできないことに関して考え続けるのは、ただただ、自分を責め続けて自分を傷つけ再起不能にしてしまいます。それでは、自分を上機嫌にできません。人というのは、暗いものが好きではありませんから、孤立することになり、さらに困った状況になり、悪循環がはじまります。

　その悪循環を絶つには、あるものを数えることがとても効果的です。

　今からお伝えする方法は、不安を解消することでも知られている方法です。

　紙に、今あるものを書き出します。たとえば、家、寝る部屋、ベッド、布団、寝間着、食事……書き出すと、とても多く持っていることに気づかされます。そして、徐々に感謝の気持ちが湧いてくるでしょう。

　感謝できるようになってくると、自分の気持ちが落ち着き、不安が解消されていることに気づきます。

6　相手が喜ぶことを考える

　落ち込みすぎて、抑うつ的になってしまったときの心の対処法は、「あの人は何をしたら喜ぶかな」と、相手を喜ばせる方法を考えることです。すると、不思議と抑うつ気分から抜けていくようです。

　人はそもそも、人の役に立ちたい、そして人に喜んでもらいたいと思うものです。それを実践することで、きっとうれしいのでしょう。

　相手が喜べば、相手は感謝するでしょう。感謝というのは、最高にプラスのエネルギーの高いことばです。感謝は、ほめことばと同じです。感謝をされる状態とは、人にとっては非常にワクワクし、そして安心する場面なのです。安心するとセロトニンが分泌されますから、抑うつ気分にも効果が高いのです。

　特に抑うつ気分ではなくても、「あの人は何をしたら喜んでくれるだろう」と考えてみるとワクワクしてくると思います。相手に喜んでもらうと、相手もあなたを喜ばせたいと思うものです。喜びの連鎖がはじまり、とても心地良い環境がつくられていくでしょう。みんなで喜びを与え合う環境にしたいものです。

第4部

保護者との
関係編

保護者に
絶大な信頼をいただく **コツ**

　親ごさんたちは、様々な子どもの状態について悩み、自身の接し方や教え方にも悩んでいます。

　そして、そのうえで子どもが育ち、自己肯定感を手に入れ、周囲とも上手にかかわり、楽しく人生を歩んでいってもらうことを願っています。

　私たち支援者は、親ごさんの願いが、できるだけかなうように支援したいと思うものです。

　しかしそのためには、親ごさんからの絶大な信頼を得ることが必要です。

親は子どものどんなことに悩んでいるのか

　当教室では、入会されるときに「どのようなことに困っているか」そして、「子どもにどんなふうになってほしいか」をお聞きしています。過去7年間の親ごさんの声をまとめてみました。

どのようなことに困っているか

1　社会性に関すること

あいさつができない／相手の気持ちを考えられない／あいまいな質問に答えられない／赤ちゃんをたたく／「やめて」と言えない／大勢の中にいることが苦手／落ち着きがない／お友達をかむ／思い込みが激しい／感情コントロールが苦手／がんばる気持ちが薄い／人とトラブルになることが多い／人とのかかわりが苦手／人との距離感が近い／人や物事を否定的にとらえる／ひとりでどこかに行ってしまう

2　生活に関すること

朝の支度をしない／いつもの流れと違うとパニックを起こす／動きが鈍い／おむつが取れない／片付けができない／子どもの泣き声がすると自分も泣く／時間内にできない／時間を気にしない／授業を落ち着いて受けることができない／長いことばの指示に従えない／はじめてのことに固まってしまう／母がいると悪さをする／場面かんもく／偏食／暴言と暴力

3 能力に関すること

記憶力が悪い／計算ができない／ことばが出ない、ことばは出るが会話ができない／自己否定が強い／姿勢が悪い／失敗への不安が大きい／身体が不器用／指さしや真似をしない

4 親ごさん自身の悩み

叱り方がわからない／どこをどのように伸ばしたら良いのかわからない／どのクラスに行けば良いのかわからない／どのように接したら良いのかわからない

どんなふうになってほしいか

明るく楽しく生きてほしい／あきらめない子になってほしい／内にこもりがちなので楽しくコミュニケーションができるようになってほしい／落ち着いて学習に取り組んでほしい／落ち着いて座っていられるようになってほしい／やるべきことを先に済ませてから遊んでほしい／お友達と話したり遊べるようになってほしい／会話をしてみたい／自分から人にかかわれるようになってほしい／自分の得意なことや長所を生かして自信を持ってほしい／自分を受け入れたうえで自信を持ってほしい／社会性・常識を身につけさせたい／集団生活で困らないようになってほしい／集団の中で落ち着いて行動ができるようになってほしい／友達をたくさんつくって幸せな中学・高校生活を送ってほしい／やりたいことに挑戦できるようになってほしい

● 最適の教育を提供すること

　以上のように、親ごさんたちは様々な子どもの状態について悩み、自身の接し方や教え方にも悩んでいることがわかると思います。

　私たち支援者が、親ごさんの信頼を得るためには、その願いができるだけかなうように支援することが大切なのです。

　しかし、親ごさんの願いをかなえることは、ある程度は可能で、ある程度は不可能です。

　ことばのない子は、ことばを発することは無理かもしれませんが、意思をサインで伝えることができるようになります。ひどく落ち着きのない子も、優等生にはなれなくても、座っていて必要なことは聞き、指示に従うことはできます。もちろん、適切な教育によって十分に会話ができ、十分に落ち着き、通常学級でやっていけるようになる子もたくさんいます。

　このように個人差は大きいですが、支援者はあきらめることなく、その子にとって最適の教育を提供していくことが必要だと思います。

1 子どもの見通しを伝える

● 子どもの適切な見通しは、研究や経験から

　私は、親ごさんは子どもの将来の見通しがほしいのだと感じています。どうしたら子どもが伸びていくのか、子どもはどこまで育ってくれるのか、というような見通しです。

　親ごさんというものは、自分と重ね合わせて子どもを見ているものです。それも当然で、子育てというものは誰しもがはじめての経験で、どうして良いかわからないものです。

　自分がたどってきた道筋を振り返って、同じように育てようと思うのです。そして、大概はその方法でうまくいくのです。

　しかし、その方法がうまくいかないのが障害児の子育てです。彼らには、独特の感じ方があり、成長もオリジナルで、親ごさん自身の経験と重ならないことが多いのです。

　親ごさんは、どうなってしまうのか不安で仕方がありません。そもそも親ごさんというのは、「子どもを立派に育てられるのか」という

ことに関して不安で仕方がないのに、それに加えて「自分が経験した道筋が通じない」となれば、さらに不安でしょう。

そのあたりを支援者は把握していなくてはなりません。その気持ちを察したうえで、相談に乗る必要があります。

では、見通しをできるだけ伝えるためにはどうしたら良いでしょうか。その答えは、研究することと経験を積むことです。

「グーグルスカラー」、「サイニィ」などの学術情報データベースサイトで、論文を検索すると、参考文献が多く見つかるでしょう。そこから経験を照らし合わせながら、事実と予測を親ごさんにお伝えしましょう。

適切な教育ならば、子どもは1カ月で変化していきます。1カ月で変化がなければ、親ごさんと一緒に見直すことが必要です。その都度、親ごさんに現状をお伝えし、教育方法を提案し考えていくと良いです。

親ごさんは、少しずつでも子どもが育ち、願いに近づいているのを確認できることは、うれしいはずです。

2　親ごさんを理解する

● たどってきた道筋を理解する

　人は「わかってもらえる」と感じると、安心して信頼できます。信頼関係を築くためにも、お母さんがどんな道筋をたどってきたのかを理解することは大切なことです。

　ここで紹介するのは、私が 2012 年に半構造化インタビューを行った一例です。子どもはすべて、「自閉症スペクトラム」と診断を受けています。

● お母さん A

妊娠中〜3カ月	：気になるところはない、穏やかな赤ちゃん
7カ月	：筋力が弱い、おとなしめ
9カ月	：発達の遅れの疑問、後追いやすがることはない
1歳	：様子見のみで不安、原因不明、悶々と苦しい
1歳半	：おかしい、病院でも様子見、焦る、母親の能力不足、他児と比較
2歳	：ことばが遅い、療育に参加し相談、仲間もでき、精神的に落ち着く
3歳	：療育・療法を様々に行う、診断を受けて腑に落ちた
3歳〜4歳	：支援開始
4歳	：子どもとのかかわり方を学べる、相談でき助言がもらえて安心

妊娠中	：切迫流産・初産で安静、吸引分娩、母乳が出ない
1カ月	：飲むのが下手
3カ月	：遅れはない、マッサージを嫌がり泣く、困らない
7カ月	：問題ない
9カ月	：遅れはない、人見知りあり、不安は全くない
1歳	：不安はない
1歳半	：母親を求めない、遅れに気づく、療育で精神的に落ち着く
2歳	：調べるほど不安、公的な療育だけでは不安、専門的助言がほしい
2歳4カ月	：支援開始
2歳5カ月	：かかわり方を実践、子どもが母親を求める、相談ができ安心

妊娠中〜1カ月	：異常なし
3カ月	：目が合わない、おとなしく育てやすい
7カ月	：発達が遅くことばがない、母親を求めない、気がおかしくなりそう
9カ月	：歩かない、目が合わない、母親は存在意義が見出せない
1歳	：ひとり遊びをし、やり取りできず、子どもを理解できない
1歳半	：場によって違う態度、変だと確信、療育は平等ではないと感じる
2歳	：病院ではプログラムのみ、就園まで不安、かかわり方がわからない
3歳	：やり取りができない、母親を求めない、療育の場を探す
4歳半	：支援開始
4歳8カ月	：頻繁に相談でき、家で行えることを教えてもらえた

妊娠中	：常に不安
1カ月	：ふつう、不可解な行動
3カ月	：体重増えない、反応が薄い、未定型
7カ月	：お座りしない、周囲を気にしない
9カ月	：ずりばい、後追いなし
1歳	：バイバイしない
1歳半	：ことばがない、不思議な行動
2歳	：自閉症と診断、受け入れられない、かかわり方がわからない、ことばさえ出れば、居場所がない
2歳半	：単語が出る、癇癪に付き合う、他の子との差、周囲の目
3歳	：2語文出る、相談する人がいない
3歳8カ月	：支援開始
4歳	：子どもが興味を増やす、かかわり方などを聞けた、見てよくわかる

● お母さんE

妊娠中	：緊急帝王切開、大変だった、母乳が出ない、ショック
1カ月	：愛情がわかない、マッサージで母乳育児が上手くいく
3カ月	：かわいいけど愛情がわかない、育てやすい、母乳育児で変化
7カ月	：切り替えが悪い、大変、甘やかし過ぎと指摘される
9カ月	：反応がない、ひとりで遊ぶ、ラク、疑問、どこに行くかわからない
1歳	：実母に子育てを非難される、ことばがない、発達に遅れ
1歳半	：手がかからない、いやいや療育へ、共通理解がなく相談できない
2歳	：かわいいけど距離がある、切り替えが悪く大変、母を求めない
4歳3カ月	：支援開始
5歳7カ月	：子どもが自分を好きだと感じる、いろいろと勉強ができた

● お母さんF

妊娠中	：帝王切開を希望して出産
1カ月	：吐乳毎日、訴えがわからない
3カ月	：問題ない
7カ月	：母親のつくるものを食べず、凹むような楽なような気持ち
9カ月	：問題ない
1歳	：身体的発達に遅れはない、反応が薄い
1歳半	：身体的発達に問題ない、ことばがない、呼名反応がない
2歳	：ことばがない、偏食、そのうちと気長に構える
2歳半	：こだわりがはじまる、困る、ことばはない
3歳	：ウロウロして大変、心理相談を受ける、療育に参加
3歳8カ月	：支援開始
4歳	：いろいろ教えてもらえてありがたい

● お母さんG

妊娠中	：妊娠初期に出血、心配
1カ月	：上手に飲めず苦労、わからない、余裕がない
3カ月	：かわいい、他の子と差は感じない
7カ月	：人見知りが激しい
1歳	：よくぐずる、母親にべったり
1歳半	：指さししない、発達センターの教室に通う、苦労した
2歳	：自閉症を意識、調べて不安、他の子と遊べない、気になる
2歳半	：違和感、ことばの増えが少ない、焦り
3歳	：情報に不安、つらい、自閉症と診断、かかわり方がわからない
3歳半	：支援開始
3歳8カ月	：どう育てるか聞けた、接し方を変えたら子どもが変わって驚いた

妊娠中	：問題ない
1カ月	：泣きやまないことがある
3カ月	：問題ない
7カ月	：お座りしない
9カ月	：寝返りで移動するのが気になる、発達に疑問
1歳	：バイバイしない、癇癪でずっと泣く、1人遊び、発達の遅れに不安
1歳半	：ことばがない、様子見と助言、不安、落ちこむ、障害を意識
2歳	：発達の遅れ、自閉症を意識、病院で作業療法を受ける
2歳半	：発達の不具合に毎日不安
3歳	：コミュニケーションが取れない、かかわり方がわからない
9歳11カ月	：支援開始
10歳9カ月	：親身で具体的な助言、かかわり方がわかり安心、家で実践できる

　インタビューから、お母さんたちが「これからどうして良いかわからない」という状況にずっとあることがわかると思います。

　悩み、どうしたら良いかわからずに不安でいるのは、とてもつらく悲しいことと思います。お母さんを今の状態にしているのは、この経験からだと思います。

　どうか同情、そしてねぎらいの目を向けてあげてください。そして、どうしたら良いかを提案し、共に子育てを伴走していってあげてください。

● 不安な世界を生きてきたお母さんをねぎらって

　私自身の経験を少しお話ししたいと思います。私は、凸凹の子どもを育てる母親です。私は、言われて傷ついた経験があります。「しつけをしてあげてください」と「あなただから、この子が生まれたのよ」です。

　園の先生や周囲のお母さま方からいただいたことばなのですが、どちらも良かれと思ってご助言してくださっているのはわかります。

しかし、私はそのことばを言われたときに、大変悲しく思いました。しつけは、次男（凸凹の子）も長男と長女と変わらずにしているつもりでした。

　私自身、がんばって次男に教えていましたが、どうしても特性上、健常児のようにならないこともよくわかっていました。次男のその特性を私もまだ受容しておらず、開き直ることができていなかったので、おそらく今の私が受ける以上に打撃を受けてしまったのだと思います。

　仕方がないことだけど、自分のせいかもしれないし、子どものせいと思いたくないけど、子どものせいでもある、どうしたら良いというのか……神に怒りを感じました。

　また、もう一方の「あなただからこの子が生まれた」は、その方が言いたかったのは「あなたが素敵だから、立派だから神は与えた」と言いたかったのだと思います。

　しかし、そのころの私にはまだそのことに気づくには時期が早かったのでしょう。どうしても「そんなに立派な人間じゃないし、ほしければあげましょう」と思ってしまっていました。自信がなく、絶望の淵にいて、どうしても受け入れられなかったのでしょう。

　慰めることにも、とてもコツがいりますね。明るく楽しく開き直って子育てをしているお母さんは、どんどん「あなただから」は言ってあげて良いと思います。

　どうか、この表を見て、このような不安な世界を生き抜いてきたお母さんに尊敬の念を抱き、ねぎらい、接していってほしいと思います。

3 親ごさんが伝えられて喜ぶこと

親ごさんへ伝えること、伝え方のヒント

　支援者が親ごさんに伝えてあげてほしいことは、「子どものかわいさ」「子どものがんばった様子」「子どもができるようになったこと」「子どもの問題行動とその改善の提案」「子育てのワンポイントアドバイス」です。

1　親ごさんに子どものかわいさを伝える

　「子どものかわいさ」を伝えてほしい理由は、甘えの関係を育てるためです。親ごさんは、幼少期にわかり合えずに「かわいい」と思うことが微妙にできていないことが多いのですが、そのために甘えの関係が育っていない可能性があります。

　子どものかわいさを伝えることで、親ごさんの子どもを見る目が変わり、わが子を「かわいい」と思えるようになる機会を与えることができます。そして、甘えが育ってくると親ごさんをはじめ様々な人の言うことが聞けるようになり、落ち着いてきます。

　そして、「周囲の人々はわりとやさしく信頼しても良い」と思えるようになってきます。すると、親ごさんはさらにかわいく思えるようになり、良いスパイラルがはじまります。

また、親ごさん（特にお母さん）は、自分と子どもを同じ存在と思うところがあります。子どものことをほめられれば、自分がほめられたと同じように感じてうれしく、逆に子どもについて問題行動を報告されたりけなされると、自分が問題行動を起こしてしまって叱られたように感じたり、けなされたと感じたりします。

　親ごさんは、園の先生や学校の先生などに、子どもの「発達障害」への疑いや問題行動について伝えられると、自分のことのように悲しく落ち込むのです。

　親ごさんを落ち込ませても、負のスパイラルが回るだけです。問題行動の報告などによって親ごさんが不安になってしまうと、親ごさんは子どもに安心を与えることができなくなってしまいます。そうすると、甘えは育ちません。親子が不幸になってしまいます。

　しかし、子どものかわいさを伝えられれば、親ごさんはうれしく感じ安心します。甘えも育ちやすくなるでしょう。さらにうれしいことは、第三者から良いことを聞いた場合、教えてくれた相手に好意を抱くものです。ですから、支援者は率先して子どもの良いところをほめ、かわいさを伝えたほうが良いでしょう。

2 子どもががんばった様子を伝える

「子どものがんばった様子」や「子どもができるようになったこと」を伝えるのは、子どもの成長を認め合い、共に喜ぶためです。子どもの良さを伝えるという面もありますが、何よりも「支援者が子どもをよく見ていて、子どものことを認めている」というメッセージになります。

親ごさんも、園や学校での子どもの様子が、すごく気になっているはずです。

子どものいた場所で何があったのか、何か問題を起こしていないか、逆に良いことをしたのか、何かにがんばったのかなど、子どもの一挙手一投足が気になっているはずです。

ついつい問題行動や困ったことは伝えがちですが、それは親ごさんを不安にさせ、負の感情を生じさせ、伝えた相手に対しても良い思いは抱きません。

対して「がんばった様子」についての報告は、良いこととして親ごさんには認識されるでしょう。支援者に対しての印象が良くなることはもとより、親ごさんへの育児指導にもなります。

支援者が、子どものがんばりについて伝えることで、「些細なことでもがんばったことを認める視点」を、親ごさんが学ぶことができ、日々の生活の中で使っていけるのです。

3　問題行動を伝えるときは解決の提案も伝える

　子どもの問題行動について伝えなくてはならないときには、「子ど
もの問題行動とその改善の提案」をすると良いと思います。

　親ごさんは、よく子どもの問題行動について、「なんとかしてくだ
さい」と言われますが、なんとかする方法を親ごさん自身も持ってい
ません。それなのに「なんとかしてください」と言われると、本当に
心細く、不安で、自分だけに押しつけられた感じがあり、負担感が増
して、怒りさえ感じることもあるでしょう。

　親ごさんとの関係が悪化するだけでなく、親ごさんの子どもに対す
る、否定的な感情も生まれかねません。

　支援者は、親ごさんに「安心」を与えなくてはなりません。問題行
動を伝えられても、安心を感じてもらうためには、「共に考えてくれ
る」「共に子育てしてくれる」「親身になって考えてくれる」と思って
もらうことが必要です。そのためには、「共に考える姿勢」と「提案」
があると良いのです。

　実際に私が子どものことを指摘するときには、事実を伝えたあとで、
解決するための提案をしています。併せて変化の見通しもお伝えする
ことで、親ごさんは安心してくださっています。

4 親ごさんへの適切なアドバイス

● 適切なアドバイスが親ごさんの信頼を得られる

　凸凹の子どもの子育て方法や支援方法は、まだ周知徹底されている
わけではありません。そのため、支援しているあなた自身も困ること
が多いでしょう。親ごさんは、それ以上に困っているはずです。専門
知識もなく、どうしたら良いかわからずに悩んでいます。だからこそ、
どうしたら良いかを教えてくれることが安心につながり、支援者への
信頼につながります。

　しかしながら、通常の子育てのアドバイスではまったく意味があり
ません。その方法はすでに親ごさんは試したはずです。行政の育児相
談などもあるのでおそらく聞いていることでしょう。それでも適切な
アドバイスが得られなかったから、悩んでいるのです。そして、子ど
ももまだ学べずにいるということなのです。

　だからこそ、支援者は効果的な育児方法について研究すると共に、
経験を積み、わかりやすく伝えるスキルを高めなくてはなりません。

　その努力のうえで、親ごさんにアドバイスを与えることができれば、
親ごさんの絶大な信頼を得ることができるでしょう。

　親ごさんの実際の声を、紹介します。「通ってみてどうだったか」
を、半構造化インタビューでお聞きしました。

● Iさん

　逆に、この発達支援教室に通っていなかったら、今ごろどうしているのだろうか……と思います。私たち親子は、先生の教室に通うことができて、本当に救われていると思います。

　子どもへの接し方、子どもの特性の理解、自閉症の知識などを学べること。子どもの成長段階に合わせ、能力を伸ばすメニューを組み立てていただけること。リアルタイムで、子どもの成長段階に合わせたアドバイスをいただけること。子育ての不安な部分、困りごとを相談できること、親でも気づかない子どもの進歩あるいは問題点などを冷静に指摘していただけることなどなど。特性のある子どもと、その子をどのように育てて良いのかわからず不安でいっぱいの親に、専門的な知識を持った先生が、その我々に寄り添うように、子どもの成長をサポートしてくださる、このような場所は、他に見つけられません。

● Jさん

　子どもをほめることが身についた。困った行動や悩みを週１度相談できるので安心できる。子どもが靴を揃えることやあいさつで頭を下げることができるようになった。接し方、遊び方を教えてもらって家でやったりとか、だんだん日々成長していくとよくばりになっちゃうんですけど、成長しているなというのは感じますね。

● Kさん

　１週間に１回相談できるところです。家でできることを教えてくれるところが良いと思います。

● Lさん

　子どもは行くのが楽しみで仕方ないようですが、行くと決まって、いつものようにダラダラしてしまうので、最初はがっかりしました。しかし、家とは違う環境で、新しいことに取り組むことで、興味を増やせています。そろ

ばんから足し算など。

　また、だらだらへの対応、接し方など、すごく聞きたいことを聞けて実際に見られることは、私自身が教えられているし、いつもぶれてばかりなので、その都度教えてもらえることがありがたいです。本だと、まったく頭に入っていかなかった。実際に見て、よくわかった。私は目からわかるタイプかもしれません。こうやるのか、というのは、やっぱり見るとよくわかります。

●Mさん

　まだ通いはじめたばかりで、まだ子どもの成長にはつながっていないけど、今まで自分が子どもに対してどう接して良いか、どう育てて良いかわからず、それが不安だったので、それをすぐに質問できることは本当にありがたいと思います。私が、この子は障害があるから無駄と、どこかで思っていたところがありましたが、アドバイスをいただいて少し接し方を変えたら、子どもがすんなり受け入れてくれて本当にびっくりしました。

●Nさん

　子どもへの接し方を教えていただき、自分自身気持ちが落ち着くようになりました。先生が親身になって話を聞いてくださり、具体的にアドバイスをいただけるので、家で実践できることが本当にありがたく思います。

　このように、ほめ方、接し方、遊び方、力の伸ばし方、子どもの世界、子どもの現状とがんばりなどを具体的に示しアドバイスすることで、親ごさんは安心し、スキルを手に入れ、子どもが成長していく様子が見えると思います。

　ぜひ、親ごさんを安心させ、具体的に良き支援を示し、親ごさんの信頼を得ていただきたいと思います。

5 凸凹の子どものお母さんへのカウンセリング

● カウンセリングとは

　カウンセリングとは、セラピストがクライアントの話を積極的に聴き、クライアントは聴いてもらうことによって気持ちや思考を整理し、自ら考え、自らの力で答えを見つけて、問題を解決していくというものです。

　カウンセリングの経過をまとめると、「悩み相談 → 背景の整理・問題の整理 → 新しい事実の認知（認知の変化）→ 人格の再統合→意味の変化と解決」となります。

　人は、聴いてもらえるということによって、力が湧き、自分で解決していけるのです。それだけ、カウンセラーの「聴く」というのは大切なものなのです。聴くというのは、心を傾けて聴くことを言います。

● 凸凹の子の子育てに悩むお母さんのカウンセリング

　しかし、凸凹の子の子育てで悩むお母さんのカウンセリングの場合、この過程ではなんとも解決に結びつかないのです。なぜならば、問題の整理ができても、新しい事実の認知につながらないからです。

　子育てというものは、先述の通り、自分が育てられたようにしてしまうものです。そして、自分の経験をもとに行っていくものです。もしくは、周囲の経験者から支えてもらい知恵をもらいながら行っていくものです。その過程の中で、新しい視点を得て、上手に組み合わせ

て子育てを行っています。

　しかし、凸凹の子の子育てで悩むお母さんは、凸凹の子の経験がなく、多くの場合、周囲に凸凹の子の子育て経験がある人もいません。

　人は、考える材料がないことは考えることができません。ですから、お母さん自身から、新しい認知が生まれることはむずかしいのです。

　私が行うカウンセリングは、問題の整理をしたのち、お母さんがどうしてもわからない「子どもの行動の意味や気持ち」や「教え方のコツ」を教えています。

● 広い知識や視野が役に立つ

　人は、相手のことを完全にわかることはできません。しかし、共感や、わかろうとすることはできます。お母さんは、わかろうとしてくれる姿勢を見せる支援者に、好感を抱き信頼を寄せます。

　そのためには、広い知識が必要です。先ほど、考える材料がないと考えることすらできないと言いましたが、このことについても同じです。広い知識や視野がなくては、お母さんの気持ちを聴いているときに引っかかるところがなく、わかる部分がなくなってしまうのです。

　カウンセリングのコツは、その人の出来事を聴くだけではなく、「あたかも、あなたが相手かのように」という姿勢で聴くことです。

　さらに、その人の背景になるような知識を知っていると役立ちます。そのためにも、当事者研究やお母さんの気持ちの変遷などを勉強しておくと良いでしょう。

　また、まったく関係ないと思われるような分野の本なども読んだりして見識を広めておくと、いろいろなことを「わかる」要素が増やすことができます。

● 「わからないけど、あなたの幸せを応援している」

　カウンセリングしていると、嫌でも自分の価値観と向き合うことになります。親ごさんの話を聴いていると、どうしても「なぜ、そんな風に考えるの？」「わけがわからない」などの思いが出てくることがあります。

　そのときには、自分をまずは横に置いておいて、「ほうほう」と聴きます。「あなたはそう思うのね」という姿勢です。

　「絶対に理解しなくてはならない」と思うのは、カウンセラーのエゴです。基本的には、「わかるはずがない」ことを忘れてはなりません。そして、相手の人生ですから、相手が自由に選び実行していくことを忘れてはなりません。

　ときには、理解の断念もあります。「わからないけど、あなたの幸せを応援している」というその姿勢だけで良いこともあります。

● 気持ちを受け止め、気持ちを返す

　お母さんたちや当事者の方から、カウンセリングについて聞くとき、「向き合ってほしい」という返答がよくあります。今一度、向き合うことについて考えてみたいと思います。

　向き合うというのは、「相手のことをひとつの個体として尊重し、反応する」ことだと思います。その反応には、「べき」「常識的には」「ふつうだったら」というものは入ってきません。なぜならば、「あなたが」どう感じたかを返すからです。

　人間として向き合い、人間としてどう思ったかを反応して返すのみなのです。相手の思いを受け止めて、相手の鏡となって返すという感じでしょうか。

　多くの場合、相談をされたとき「○○したほうが良いよ」と返すのではないでしょうか。実は、それは向き合うことにはなっていません。

　向き合っている場合には、まずは相手の気持ちを受け止め、「それはつらかったね」と相手の気持ちを返し共感し、「自分だったらこうする」という「考える種」を伝えることになります。

　そこには、「あなたは、今はこれで良し」というメッセージがあります。そのメッセージによって、力が湧き今後の行動力になります。そして、「考える種」をもとに今後を考えることができます。その人は、明るく前向きに考えていけるでしょう。

親ごさんからよくある質問　Q＆A

１　生活でのＱ＆Ａ

Ｑ１−１　生活リズムが整わない

A　凸凹の子は、眠りが浅かったり、入眠しにくいところがあるようです。もしひどければ、医師を頼ってください。

　　家でできる工夫としては、入眠を妨げるようなおもちゃやテレビは、寝室の目に入らないところに置く（寝室にはないほうが良いですね）、なるべく決まった時間に目覚める、朝日を浴び昼間は外で日を浴びる、体を温める、寝る前には水分を取らない、寝る前にはトイレに行く、寝る直前は刺激の強いことはしない、などがあります。

Ｑ１−２　服を着ない（脱ぐ）

A　これは、感覚過敏が関係しています。きっと肌触りが気に入らないのでしょう。痛いという子どももいます。和らげるには、感覚統合療法の技法を使って徐々に慣れて「大丈夫感」を育てていくか、甘えを育てて「大丈夫感」を育てていくと良いでしょう。

Ｑ１−３　おむつが取れない

A　排尿は大脳で管理されています。２語文が出るくらいに大脳が発達すると、随意での排尿が可能になるようです。すなわち、２語文が出るまでは自分の意志で排尿はできず、膀胱の反射で排尿してしまう状態です。ですから、もしまだ２語文が出ていないのだったら、おむつが外れないのは当然です。待ちましょう。

　　しかし、とりわけ自閉症スペクトラムの子は、成功したり、自分にとって快適なことであれば取り入れることがあるので、トイレットト

レーニングをやってみる価値はあります。

そのときには、排尿のサインを見逃さないことが肝要です。時間で決まっている場合もあるので、時間も把握しておきましょう。サインや時間がわかったら、そのときにトイレに連れていきます。そして、トイレで排尿できたら思いきりほめ、良かったことを思いきり言語化します。気持ち良かったとか、ぬれなかったなどです。排便の場合も、同様です。

前準備があると、簡単に進むことがあります。前準備は、絵本や視覚支援などでトイレで排尿や排便をして気持ち良さそうにしている様子や、手順が書いてあるものを見せると良いでしょう。その支援で方法がわかり、安心してトイレで用を足すことができます。

Q1−4　偏食がある

A　口の中に感覚過敏がある場合があります。すると、痛かったりまずかったりします。私は、強制しないほうが良いと考えています。なぜならば、まずいと感じるものを強制的に食べさせると、脳が委縮することがわかっているからです。

お勧めは、私たちが楽しそうにおいしそうに食べ、ちょこっとだけ口に入れて「おいしい」としてしまうことです。嫌がったらそれ以上はしません。しかし、だんだんと慣れたり、大丈夫だとわかったりして、食べられるようになっていきます。

Q1−5　いらいらしやすい

A　いらいらしたり、不機嫌な人は満たされていない場合が多いものです。甘えたいけど甘えられなくて、不満足なのかもしれませんので、満たしてあげましょう。「よしよし、いい子いい子、ぎゅー」をしてあげつつ、子ども自身が自分を「よしよし」して、ねぎらえる技を教えていきましょう。

また、人の気持ちはうつるものなので、私たちも自分自身の感情コントロールを上手にし、上機嫌でいられるようにすると良いでしょう。

Q1－6　片付けができない

A　片付けの習慣がないか、片付けても良いことがないと思っているか、切りかえがうまくいかないか、どのように片付けたら良いかわからないかだと思います。

　片付けるタイミングや時間を決める、片付けをサポートしてほめて習慣化する、よしよしして気持ちをわかって切りかえできるように育てていく、視覚支援をして片付ける場所を示すなど、が良いでしょう。

Q1－7　車の座席に座れない

A　まずは、事前に「車の座席に座って乗る」絵を見せます。そして、「座席から立ったら車は止まって家に引き返す」という絵を見せます。納得してもらい、承諾を得ます。実際に走り出したら、その条件を実行します。立ったら引き返し、お出かけは中止です。

Q1－8　あいさつができない

A　あいさつができない状況は多岐にわたります。目を合わせてはできない、あいさつのタイミングがずれる、あいさつ自体ができない、お辞儀はするが声が出ない、などです。

　目を合わせてできない場合には、目を合わせること自体が怖くてできないのかもしれません。普段から目を合わせるのが苦手だとしたら、無理強いしないほうが良いでしょう。まず、鼻からのどのあたりを見てあいさつできるように仕向けてみましょう。

　タイミングについては、どの距離になったらあいさつをするのか、相手と合わせるにはどうしたら良いのか、どんな順番で行動するのかなどがかかわっています。それをわかりやすく分解して教えましょう。その場の感覚で良いのですが、私の場合、距離は2メートルくらいのところで声をかけます。そして、声を出してお辞儀しながらあいさつし、あいさつの終わりに目を見ます。立ち止まってあいさつをするときには、1

メートルくらいで向き合い、止まって1秒数え、あいさつをはじめます。その後は先述と同じです。

　あいさつ自体ができない場合には、「させて」から「ほめる」をくり返します。自発的にできないときには、こちらがサポートして動かし、終わったらほめます。そのとき、少しでも動きがあったらすぐにほめ、自発性を育てます。

　お辞儀はするが声が出ないときには、お辞儀で精一杯なのかもしれません。ですから、お辞儀だけでまずはOKとし、ほめます。ことばは、こちらが言います。そのうちに変化が現れますので、そのときに存分にほめましょう。

　あいさつは、くり返し教えてほめることでできるようになってきます。焦らずに少しずつという意識で行っていきましょう。

Q1-9　朝の支度をしない

A　朝は眠たく、そして切りかえが悪いのも手伝い、なかなか動けないのでしょう。セロトニンがかなり影響しているとも思います。セロトニンが少ないと、うつ病のように体は重くやる気が出ません（凸凹の子どもたちはセロトニンの血中濃度が低いとのデータがあります）。そして、支度事態にワクワクも楽しさも感じないため、ドーパミンも分泌されず、動きが緩慢になります（凸凹の子どもたちはドーパミンの血中濃度も低いというデータがあります）。

　また、どうしたら良いかわからないから嫌、というのもあるかもしれません。いつもやっていることでも、子どもの中でまとまっておらず、明らかでない場合には嫌がったりします。

　まずは、同情的に「つらい、やる気が出ないのわかるよ」と気持ちを受け止めましょう。次に、ほめてワクワクさせましょう。わかりやすく行動を示すことで行動しやすくして、ほめられる機会を増やします。

　示し方は、視覚支援を上手に使うと良く、一つひとつの行動の流れを書き、行ったら消えたり取り外せるものがお勧めです。

2　気になる行動・言動でのＱ＆Ａ

Ｑ２−１　こだわりがある

Ａ　こだわりは、「安心する」ために必要なものです。なくすものではありません。消去することは、安心を奪ってしまうことになります。

　こだわりは、安心できる状況や技術を与えていくと消えてきます。もし、すぐにこだわりをなんとかしなくてはならない場合（自傷他害に関するこだわりなど）には、他の方法に移していくことを考えていきましょう。そして、気持ちを表現する方法を教えましょう。

Ｑ２−２　場面かんもく

Ａ　かんもくは、自分の意志で行っているのではありません。自分の意志では話せないから行っているのです。この状態を改善するには「話したい」「話しても安全だ」という環境をつくるしかありません。環境を改善して、本人が「どうしても話したいから改善する」と決意するのを待つしかありません。

　本人が一番苦しいので、絶対に話させようとしてはいけません。

Ｑ２−３　ボーっとすることがある

Ａ　実は、ボーっとするのも成長に必要です。ボーっとしているときに考えをまとめているのです。

　思う存分にボーっとさせてあげましょう。でも、一緒に遊びたくなったり話をしたくなったら、誘ってあげましょう。

Ｑ２−４　おうむ返し

Ａ　おうむ返しは、一度聞いたことをインプットするためにしているという当事者の意見があります。また、返答の仕方がわからずにしてしま

うというところもあるように思います。

　消去しようと思うよりは、仕方がないと容認したほうが良いでしょう。そして、言い方を教えるようにしていきましょう。

　たとえば、「おにぎりほしい？」と聞いたときに、返答で「おにぎりほしい？」ときたら、「おにぎりほしい→だね」と教えて、おにぎりを渡しましょう。そのくり返しで、できるようになってきます。日々のやり取りの中で、違和感のない返答をさりげなく教えて（子どもを否定したり注意したりせずに）、経験を積ませましょう。

Q2-5　根気がない

A　どうしても達成したいと思っていないのでしょう。続けても良いことが起こらなければ、人は続けません。続けたり、終了したら、ごほうびなどの報酬を与えましょう。次々に課題が訪れる状況（終わりがない）だと、人は無気力になります。どんどん課題を与えすぎていないかも確認しましょう。

Q2-6　落ち着きがない

A　落ち着きがないのは、身体の使い方がわかっていない場合と、いろいろなものに呼ばれてしまう（アフォーダンス）、覚えていられないから（ワーキングメモリの少なさ）今すぐに動いて実行しなくてはならないと思うことが、影響していると考えています。

　落ち着かせるためには、身体をダイナミックに使って遊ぶこと、作業をところどころに挟むこと、ワーキングメモリを育てることが大切です。

　そして、座っていて良かった、落ち着いて聞いていて良かったとするために、わかりやすいごほうび（ほめる）や、「聞いていたから行えた」という、良い結果の体験も効果的です。

　また、「動きたい」という欲求に、気持ちを落ち着かせて理性で戦える状態にもっていくためには、甘えを育てることが有効です。

Ｑ２－７　いつもの流れと違うとパニックを起こす

Ａ　わかっていることでないと、不安で仕方がないのでしょう。根本的に和らげるには、甘えを育てることです。よしよし、いい子いい子、ぎゅーをするようにしましょう。

　流れが違うことは、世の中にはたくさんあります。ですから、日々「変わることもあるよね」「つらいよね」「大丈夫だよ」と伝えていきましょう。また、終了した後に「大丈夫だったね」「安全だったね」「たいしたことなかったね」と結果を塗りかえていきましょう。だんだんと、変わっても大丈夫となっていきます。

Ｑ２－８　動きが鈍い

Ａ　身体をどのように動かして良いのかわかっていない、切りかえが上手じゃない、急ぐという意味がわかっていない、などの場合があります。

　身体の動きに関しては、動きを手取り足取り丁寧に教えてほめましょう。わかってきたら徐々に動けるようになります。

　切りかえを促すには、次に行うことを明確にして、切りかえたくない気持ちを代弁しつつなだめて、動きがあればほめましょう。

　急ぐという意味がわかっていない場合には、「３秒で動くのが急ぐということだよ」「10秒以内で来てね」など、具体的な基準を教えて、動いてもらう癖をつけると良いと思います。

Ｑ２－９　つま先で歩く

Ａ　感覚過敏がある可能性があります。足の裏を、やさしい刺激から強い刺激と、遊びながら刺激すると良いようです。

　教室では、ダイナミックに身体を動かしているうちに、つま先で歩かないようになります。ジャンプの練習が、特に効果的なように感じています。

Q2-10　姿勢が悪い

A　姿勢が悪いのは、体幹が育っていないからです。体幹がしっかりしていないから、ぐらぐらするのです。まずは体幹を育てる活動をしましょう。

　座りながら体幹トレーニングできる方法として、バランスボールに座る（椅子やクッションをバランスボールにする）ことをお勧めします。

Q2-11　両足ジャンプができない

A　ジャンプは、両足が地面から離れるので怖くてむずかしいようです。しかし、練習して楽しいことを経験させると、好んで行うようになります。

　教室でよく行うのは、少しだけ高いところから両手を持ってサポートして、両足でジャンプさせることです。落下させて両足で着地させるというものです。ジャンプが好きになり、自らいろいろなところからジャンプをしようとするようになります。

Q2-12　子どもの泣き声がすると自分も泣く

A　敏感な子なのだと思います。敏感になっているのは、甘えがまだ育っていなくて、自分と周囲とがまだつながっている状態にあるからです。だから、周囲の人に対しても敏感ですし、自分を取り巻く環境すべてに敏感です。自分イコール他の人やもの、という図式がまだある状態と言えます。赤ちゃんと自分を同一化してしまって、同じように泣いてしまいます。

　これは、園や小学校でもよくあります。怒られている子どもがいると、自分も怒られているように感じて怖くなるなどです。

　甘えを育てると、自分と他人とが分かれてきますので、敏感さを和らげるには有効です。

Q2−13　泣いている赤ちゃんをたたく

A　赤ちゃんの泣き声というのは、本来不快な音で、すぐに相手が対応してくれるようにするための戦略です。

聴覚過敏のある子どもが聞いたら、頭が割れるかと思うくらいの苦痛でしょう。とはいえ、たたいて良いわけではありません。今は、たたいて撃退するしか思いついていないのでしょうから、別のやり方で逃れる方法を教えましょう。

ひとつは、その場から遠ざかる。もうひとつは、耳をふさぐです。どちらも、「少し苦手なので」と声をかければ大目に見てもらえます。そして、その方策が取れたら、ほめましょう。

また、泣いていないのにたたく場合があります。その場合には、おそらく「赤ちゃんが不可解だ」ということに関係している気がします。赤ちゃんの動きは、私たちにもよくわかりません。わからないことが大嫌いな凸凹の子どもにとっては、その動きをする存在自体が嫌なのでしょう。

赤ちゃんを止めさせることはできませんから、対処法としては、見ないようにする、大丈夫だとつぶやきながら自分をよしよしして大丈夫と記憶を塗り替えていく、もしくは、信頼できる人に左に同じことをしてもらう、が良いと思います。

嫌なものは、大丈夫なものと共に「大丈夫だ」と再入力することで、認識が変わっていきます。トラウマの治療法です。

ちなみに、見ないようにする、避けるという方法もお伝えはしましたが、長期的に見るとあまりお勧めできません。なぜならば一切成長しないからです。大丈夫という認識が広められれば、世界は大丈夫で安心に変わり、子どもも落ち着きます。その機会を広げてあげてください。

3 気になる感情・精神面でのQ＆A

Q3−1　自己否定が強い

A　自己否定をするのは、心の癖です。自己否定をしたほうが傷つかないのだと思います。ダメな自分だから仕方がない、としたほうが楽なのでしょう。しかしながら、本当はそんなふうに思いたくはないのです。だから不機嫌だったりします。また、不機嫌な人は自己愛が満たされていません。

「そのままのあなたでOK」と常々伝えていくことが大切です。素敵な性質を伝えることも必要ですし、苦手なことすらも素敵だという設定にして伝えていくことが必要だと思います。徐々に自己愛が満たされ、自己否定は少なくなってきます。

一瞬一瞬はがんばった結果だと思いますから、子どもに対してだけではなく、ぜひ自分自身に対してもねぎらってあげてください。

Q3−2　否定されると全否定されたと思う

A　自己愛の低い人は、「自分は愛される存在ではない」「自分は認められることはない」と感じていたりと、かなり敏感です。

ですから、些細なことに全力で反応してしまいます。一部でも否定されると、自己愛の低さから「やはり自分は否定される人間なのだ」と考えてしまい、それを全力で受け取ります。「自分は認められるわけがない」というストーリーがあるため、否定されれば「やっぱり否定されるよね」となるわけです。

しかし、全否定されたととらえる中には、「本当は認められたい」「否定などされない」と思いたい気持ちがあります。だから、SOSをかねて、否定したことを撤回してほしいと思っているのです。

この場合、自己愛を育てることが根本的には必要です。そのためには甘えを育てる、そして常にそのままで素敵だと伝えていくことが、大切だと思います。

Q3−3　感情コントロールが苦手

A　感情をコントロールするには、コントロールしようとする感情が整っていることが大切です。その感情が言語化されると、コントロールしやすくなります。

　ことばがない場合にも、ある場合にも共通して、なだめられること、いい子いい子、よしよしが効果的です。人は、自分で感情をコントロールする前に、人からなだめてもらった経験が必要です。そのなだめられた経験が心に宿って（内在化して）、自分でコントロールできるようになっていきます。「なんとかしなさい」ではなく、「よしよし」でいきましょう。

Q3−4　失敗への不安が大きい

A　自分に自信がなくて、頼るのが苦手で、そして周囲に対して信頼が薄いため失敗したくないと思っています。「自分なら失敗してもなんとかなる」、「人がなんとか助けてくれるよね」と思えていたら、失敗は怖くはないのです。「失敗しても大丈夫」と伝えていくことが大切です。

　そして、やり取りを育て、「人はわりとやさしい」をインプットしていきましょう。実際に失敗したときには、失敗して悔しい気持ちや動揺を受け止めつつ、「でも大丈夫だった」と結果の意味を明るいものにしましょう。心の癖なので、くり返すことで、そのうちに育っていきます。

Q3−5　すべてを真に受ける

A　これも、甘えが育っておらず敏感なので、このように感じていると言えます。すべてがイコールの状態なのです。まずは甘えを育てましょう。そして、おそらく解釈がほとんどマイナスの方向になっていると思います。解釈は自由なのですが、心の癖が大きく影響するので、明るい解釈をするように癖をつけましょう。

　つぶやく感じで、「私はそう思うけど」とか「〜かもね」というように刺激をしていってあげましょう。

Q3−6　思い込みが激しい

A　周囲を見渡す力がなく、他の価値観を受け入れる力がないと、どうしてもひとつの考えにとらわれがちになります。なぜかというと、周囲を見渡せなければ本当の因果関係まで把握することができずに、一部の状況だけで決めつけることになるからです。ひとつの価値観しか受け入れられなければ、他の考えは無意識に排除されることになります。

　思い込みが激しいのを和らげるには、ビジョントレーニングによって視野を広くし、甘えを育てることによって、いろいろな価値観を受け入れられるようにすることです。

Q3−7　自分ができることは人もできると思う

A　人の多様性に気づいていないのだと思います。「人は自分とは違い、できることもあればできないこともある」、「自分よりも優れている部分もあれば、自分のほうが優れている部分もある」、そういうことを体感していないのかもしれません。身近なところで気づくように刺激してあげると良いでしょう。

　親ごさんにもその傾向がある場合があります。「自分ができることは、子どももできるはず」と思ってしまうのです。親子でも、個々に違います。お互いを尊重したいですね。

4　コミュニケーションでのＱ＆Ａ

Ｑ４-１　会話がうまくいかない

Ａ　会話には、ワーキングメモリがかかわっています。会話をするには、相手の言ったことを覚えていて、答えを自分の中から探してこなくてはなりません。また、どのように答えたら良いのかがわからないと答えられないので、単語を覚えることも必要ですし、言い方を教えることも必要です。

Ｑ４-２　人との距離感が近い

Ａ　距離感は、非常にむずかしいです。経験させていくしかないと思います。具体的に目でも身体でも距離（友人なら握手の距離、親や親しい人ならハグの距離までOKなど）を教えていくと良いでしょう。

　視覚支援をするとよりわかりやすいなら、サークルズプログラムを使い、関係性によって色分けして、距離も明確に示すことができます。

Ｑ４-３　声が大きい

Ａ　TPOに合わせた声の出し方がわからないのだと思います。お勧めなのが、5段階もしくは10段階の声の大きさを表にして、適切な場所を明記することです。そして、その段階を練習しましょう。

　いろいろな場所で、「今は"○"の声」だと意識させ、習慣づけるようにしましょう。

　しかしながら、心理学の視点からは、声が小さくて損をすることはありますが、声が大きくて損をすることはあまりないようです。大きい声のほうが堂々として、明るく感じるようです。

Ｑ４-４　痛いことをされても「やめて」と言えない

Ａ　これは、痛いという感覚がまだ育っていない場合と、どのようにし

たら「やめて」くれるのかわかっていない場合があります。

　感覚がわかっていない場合には、普段から「痛いね」と伝えていきましょう。

　やめてほしいときに、「やめて」と言えない場合には、シミュレーションをしてみたり、実際の場で教えて、しぐさだけでもさせてやめてもらう経験を積ませます。くり返すことで、だんだんとできるようになってきます。そのときのコツは、「やめて」ということばやサインを言ったあとには、すぐにやめてもらうことです。すぐに効果が出ないと、わかりにくくあまり学べません。

Ｑ４－５　あいまいな質問に答えられない

　Ａ　これは、ワーキングメモリの能力にかかわっているかもしれません。そして、文脈を理解する力ともかかわっているでしょう。文脈の理解は、全体をとらえる力であり、まとめ上げる力とも言えます。

　まずは、具体的でわかりやすい、子どもの状態に合わせた質問にすることをお勧めします。答えて、相手が喜んでくれて、自分もうれしいという体験をさせましょう。

　そして、伝え方がわかっていない場合があるので、答えがわかっている場合には、言い方を教えてあげると良いでしょう。教え方は、おうむ返しで正しい内容をくり返すのがお勧めです。

　並行して、ワーキングメモリや全体を見る教育をしていくのが良いと思います。

Ｑ４－６　今ではなくても良い質問を常にしてくる

　Ａ　これは、優先順位を立てるのが苦手なことと関係しています。これには、時間を決めるとか、どんなことをしているときには話すのは遠慮し、どんなときには話しかけてもＯＫというのを決めておくと良いでしょう。優先順位はむずかしいのですが、学校に関することは先にとか、わかりやすい基準を与えると身についていくでしょう。

Q4−7　意思疎通ができない

A　ことばが出ていないと、なかなかむずかしいですね。ことばがあっても気持ちがまとまっていないと、子どもは上手に伝えることができません。ですから、こちらが気持ちを察するのが良いと思います。

　察するには、当事者の感じ方を把握しておき「この子だったらこう感じるかな」と感じ取って、その子に返します。そのくり返しによって、子どもは気持ちを学び、表現することを学びます。

　ことばがどうしても出ない子の場合には、サインで伝えていくことをお勧めします。ことばと同じで、感じているだろうことをサインで本人に返していきましょう。

Q4−8　やたらと仕切る

A　仕切るのは、怖いからです。怖いから管理したくなります。自分で周囲のすべてをコントロールしたいし、わかっていたいのです。

　まずは、「大丈夫」を育てることが必要です。甘えを育てて人への信頼感を育て、「そのままで良いこと」「人はわりとやさしいこと」を伝えていきましょう。

　そして、人には個々に感情があること、予定があること、自分とは違う存在だということを、伝えていきましょう。併わせて、「それでもあなたは大丈夫、そのままで良い」と伝えていきましょう。

Q4−9　相手の気持ちを考えられない

A　自分の中の気持ちが整っていないと、人の気持ちを推し量ることはできません。

　たとえば、赤ちゃんが机に頭をぶつけて泣いていたとします。そのときに私たちは、自分が机に頭をぶつけたのを想像して、「ぶつけたのだったら痛いよね」として「痛いね」と声をかけます。

　気持ちを察する側が、そのときに起こった気持ちについてわかっていなければ、相手の気持ちや感じたことを察することができないのです。

相手の気持ちを考えられるようにするには、気持ちを「まとめる」「整える」必要があります。

　ちなみに、察してもらってかけてもらったことばによって、人は気持ちをまとめあげていきます。どんどん気持ちを察して、子どもに返していってください。

　また、相手の気持ちは、向き合っている相手からその人の気持ちを伝えられることによって学習されていきます。子どもに向き合い、率直なあなたの気持ちを返していくことが、子どもの力を伸ばしていきます。

　しかし、凸凹のある人たちの感覚や記憶は、「まとめあがっても、ほどけやすい」と言われています。習慣になるくらい、本当に腑に落ちるくらいに、くり返し伝え続けることが必要だと思います。

　また、相手に気持ちを率直に伝えることで、うれしいことがあります。喜怒哀楽を表現することが上手になると、怒りのコントロールを助けることになります。率先して、気持ちを相手に伝えるようにしましょう。

Q4−10　受け身すぎる

A　気持ちがはっきりしていないか、気持ちはあるけれど、どのように表現したら良いのかわからないか、どちらかかもしれません。

　些細な気持ちを察知して、受け取った気持ちを返していき、表現方法をその都度教えていくしかありません。

　気持ちがまとまってきたり、だんだんと便利な表現方法だと思えてくれば、今まで学んだことを使って自分で表現していけるようになります。

Q4−11　大事なこととそうでないことの区別がつかない

A　凸凹の子どもは、優先順位をつけるのが苦手です。どのお話についても、同じような重要度なのです。すべて同じだと言っても過言ではありません。

　ひとつずつ丁寧に、ケーススタディをするつもりで、この話は重要だと教えていくと良いでしょう。

5　集団行動でのＱ＆Ａ

Ｑ５−１　大勢の中にいることが苦手

Ａ　過敏がある場合には、大勢の声やざわざわした音がとても恐ろしいものです。音の調節がうまくいかないので、とてもうるさく耳障りに感じます。中には、頭痛を起こしたり体調が悪くなる子もいますから、無理強いはよくありません。

　大勢の中が苦手でつらそうな場合、音だけならば、イヤーマフや耳栓を利用しても良いでしょう。感覚もあるならば、避けることも大事な対策だと思います。

　過敏は甘えを育てると和らいでいくことがあります。まずは安心感を育て、甘えを育てることを試してみると良いでしょう。

Ｑ５−２　集団になると話を聞けない

Ａ　凸凹の子の特性に、「集団になると声が自分の前で落ちてしまう」という感覚や、「自分の横を通り過ぎて行ってしまう」という感覚を持っている子がいます。

　この場合、私がお勧めしているのは「先生が自分に話していると思って、先生の胸のあたりを見て聞いてね」という指導です。徐々に自分にも話していると思えてくるようです。一度試してみてください。

Ｑ５−３　集団の中でルールのある遊びができない

Ａ　ルールは、非常に複雑でむずかしいです。そして、勝ち負けがかかわってくるとさらにむずかしくなります。

　お勧めは、事前にルールについて学んでおくこと、起こり得ることについて事前に好ましい方法を教えておくことです。そうすると見通しがつき、安心して参加していけるようになります。

6 　園・学校でのＱ＆Ａ

Ｑ6－1　登校渋りがある

Ａ　行きたくないのでしょうね。疲れているのでしょうか。何か特定の嫌なものがあるのかもしれませんが、その原因を探すよりも「解決していく力、耐える力が、今は不足している」と考えたほうが良いと思います。

　がんばりを期待するのではなく、受け入れることをするようにしましょう。甘えを育てるのです。

Ｑ6－2　授業態度が悪い、授業中に立ち歩く、
　　　　授業を落ち着いて受けることができない

Ａ　授業自体がわからなかったり、つまらないということが原因だとは思います。

　ワクワクしていたり、作業があれば落ち着いていられるかもしれません。先生にお願いして、作業を入れるようにしてもらう、ノートに何かを書いても良いとしてもらう、足は動いても良いとしてもらうなどをすると良いと思います。また、先取り学習をしていると授業内容がわかるようになるので、立ち歩かなくなるという事例もあります。

Ｑ6－3　はじめての行事に固まってしまう

Ａ　固まってしまうのは、一種のパニックです。情報の洪水に呑まれてしまって動けなくなっている状態や、刺激の海に溺れてしまって苦しくて動けなくなっている状態、そして、いろいろな思考が入り混じって混乱している状態などが考えられます。

　どの状態にしろ、様々なことが一挙に押し寄せてなんともできなくなっている状態だと言えます。刺激を少なくして、そっとして見守る、よしよしして大丈夫なことを伝えていくと良いでしょう。

Q6-4　忘れ物でパニックになる

A　忘れ物も、失敗なのです。失敗は、死ぬほどつらいのですから、まずはその気持ちに寄り添いましょう。「つらいね」と気持ちをわかり、よしよしして落ち着かせます。次に、忘れても大丈夫だと伝え、忘れたあとの対処法を教えましょう。忘れたあとの見通しがわかれば、不安は小さくなります。そして、大丈夫が育っていけば、パニックを起こさなくなります。

Q6-5　答えがわからないと泣く

A　わからなくても大丈夫と思えないのでしょう。「自分が恥ずかしい」、「自分が無能に思えてしまう」気持ちがあるような気がします。わからないことは、おそらく失敗なのです。失敗すると自分が死んでしまうくらいにつらいのでしょう。

　「誰にでもわからないことはある」と伝え、それをゲームやパズルなどをしながら例を示して体感させていきましょう。そして、がんばったことが素敵であることを伝えましょう。

Q6-6　自分が使っているものを友達に譲れない

A　やり取りがわかっていないという可能性もありますが、貸してしまったあとが、イメージできないことも考えられます。貸してしまったらずっと手に入らないと思ったら貸せません。流れを説明することも必要でしょう。

　「貸して」と言われたら、貸さなくてはならないわけではありません。貸したくなかったら貸さなくても良いはずです。そのあたりのやり取りも教えてあげられると良いと思います。

Q6-7　お友達をかむ

A　何か理由があったのでしょう。どうしても苦痛を訴えたかったので

しょう。このようなときは、かむ以外で、苦情を申し立てる方法を教え
ます。

　たとえば、友達におもちゃを取られたことでかんだのなら、「やめて」
と言うように教えましょう。逆に奪おうとしたのなら、「貸して」を教
えましょう。その気持ちが起こったときに教えるのが効果的です。

Q6−8　園・学校でのことを教えてくれない

A　まずは、どのように質問しているでしょうか。「園では何したの？」
という質問だと、おそらくいろいろなことをしたので、何を答えて良い
のかわからずに答えられないのかもしれません。「お昼ご飯のあと、何
したの？」などと具体的に聞きましょう。

　また、ワーキングメモリが少ないと、答えられません。単純に覚えて
いないのです。ワーキングメモリを育てる練習にもなるので、具体的に
質問して答えるというのを、1日に1回ほどやっても良いでしょう。給
食のメニューを聞くのがお勧めです。

Q6−9　がんばろうという気持ちが薄い

A　がんばろうという気持ちの起こりは、不安だからなる場合と、より
満たされたいという場合があります。

　不安だからがんばる場合には、上手にバネにできれば良いのですが、
バネにならない場合には害になってしまいます。バネにするには、甘え
が育ち、自己肯定感が育っていることが必要です。

　自己肯定感が育つと、がんばる気持ちが出ます。まずは、「今はこれ
で良し」「ありのままの子どもで良し」「よしよし」「いい子いい子」す
ることが、がんばる前に大切です。

　実際に愛着障害を抱える人は、不安が大きくてがんばれと言われると
異常なほどに拒否します。まずは、「そのままの自分を認めてほしい」
からです。

7 　勉強でのQ＆A

Ｑ７−１　音読が苦手

Ａ　音読が苦手な理由は、いくつかあります。文字がゆがんで読みづらいか、光の屈折で文字を読みづらいか、または語彙のまとまりがわからずに読めないか、です。

　文字のゆがみは、ビジョントレーニングでかたちの認知を是正する、穴あきのシートをつくり文字に当てて読む、定規を当てて読むことなどが効果的です。光の屈折の調整は、サングラスやセロハンを使用するのが良いでしょう。語彙のまとまりは、まとまりのところで線を引くのが効果的です。

Ｑ７−２　書くことが苦手

Ａ　書くためには、手先が器用であること、目と手が共に動く力、かたちの認知のゆがみがないことと、位置の認知ができることが必要です。

　子どもの発達は順番が決まっていて、体幹から抹消に進みます。体幹が育っていない場合には、手先まで育ちません。

　体幹を育てるためには、ムーブメント教育が有効です。今までの経験では、遊びを組み合わせられるようになると、好んで鉛筆を持って書きはじめます。組み合わせるのには、イメージの力もかかわっているのかもしれません。

　どうしても書くのが苦手な場合には、指で書くか、覚えるだけでも良しとしても良いでしょう。生きていくためには、読めればなんとかなります。

Ｑ７−３　漢字が覚えられない

Ａ　記憶するには、五感のうち複数を使って覚えると良いです。また、意味とつながると人は覚えやすいです。

たとえば、「家」という漢字を覚える場合、声を出して「いえ」と言うと聴覚を使います。指で書くと触覚を使います。家の絵を見たり文字を見れば視覚を使います。これらを総動員して覚えると、記憶に残りやすいです。

Ｑ７－４　文章を書けない

Ａ　話せなければ、文章は書けません。しかしながら、話せても文法の知識と構成力がなければ文章は書けません。

　これらを少しずつ教える必要があります。まずは、流れに沿って話せるように導きます。文脈が整うように質問していきましょう。教え込まないで自然に質問するのが秘訣です。

　文法は、話しながら正しい文法を、おうむ返しで返す感じで教えましょう。構成力は、作文や読書感想文など、それぞれを書くときに各々に合った構成を教えましょう。

Ｑ７－５　計算ができない

Ａ　計算には、ワーキングメモリがかかわっています。記憶が弱そうだと感じたら、計算が苦手な可能性があります。ＬＤという可能性もありますので、ワーキングメモリのトレーニングをしながら様子を見て、どうしてもだめな場合には、電卓という手もあります。どちらにせよ、責めたり焦ったりしないでいましょう。

Ｑ７－６　記憶力が悪い

Ａ　記憶は、身体に宿ります。そして、五感に結びつくものは覚えやすいと言われています。身体をダイナミックに動かし、外で様々な自然から感じて、感覚と五感を育て整えることが、記憶力を良くします。

　また、記憶させたいことは、複数の感覚を使って覚えるようにしましょう。

8   子育てでのQ＆A

Q8-1   叱り方がわからない

A   私は、叱るよりも教える派です。叱らなくてはならない状況というのは、すべて、わからないから起こっていると思えるからです。危ないことに関しても、死んでしまいそうだったり、大事故になりそうなときに思わず叫んでしまうことを除いて、同様に考えています。

叱ることで恐怖を与えた場合には、考えるときに活躍する前頭葉が一切活動しないことがわかっています。そして、逃げるほうにフォーカスしてしまいます。また、恐怖はキレる脳をもつくり出してしまいます。

セロトニンが少なく、自分を癒すことが苦手な彼らは衝撃に弱いので、注意をして教えていきたいと思います。

Q8-2   指さしや真似をしない

A   指さしは、相手に伝えたいから行います。やり取りが発達しないと出てきません。真似については、ことばの前に必要なことですが、凸凹の子どもたちは身体の使い方が不器用で不得意です。身体の部位をイメージすることがむずかしく、自分の身体の動かし方のイメージがつかみにくく、また、人の身体と自分の身体は同じ動きをするもので、動きは一致できるという意識が育っていない場合が多いです。

動きを教えるためには、見せながら、手取り足取り体験させることが必要だと考えています。具体的には、手遊びのアプリを見せて手足をサポートして動かして学ばせます。子どもは自信が出てくると、自ら動き出します。

Q8-3   ことばが出ない

A   ことばは、やり取りの道具です。やり取りしようという気持ちや、相手に伝えたいという気持ちが育たないと、はぐくまれません。

ことばをつかさどる脳は、運動の脳と隣り合っていますから、身体をダイナミックに動かすことによって育っていくと言われています。実際に教室でも、身体をダイナミックに動かしやり取りを行うことで、大多数の子どもは、ことばが出てきます。

　子どもの気持ちや行動に対して実況中継し、気持ちを代弁する（返す）という方法で支援すると、かなり効果的です。

　しかし、自閉症スペクトラムの子どもの中に、ことばの理解はかなり進みますが、発語がないという場合があります。その場合には、理解を育て、発語はなくてもサインで発言できるように育てると良いと思います。

Q8-4　目が合わない

A　目は怖いものです。私たちも、目をずっと見つめれば怖いと思うし、見られていると何か感じます。「目を見なさい」と強制するのは、お勧めしません。余計に怖くて見なくなってしまいます。

　一瞬目を合わせると良いタイミングを教えたり、目を見なくても目を見たような感じがする部位を教えるのが良いでしょう。

　良いタイミングとは、「わかったよ」という返事のある話の最後や、自分が「お願い」などするときの最後が良いと思います。目を見たように感じる場所は、頬から喉にかけての部位です。そのあたりに目をやれば、目を見ていると相手は感じます。

　どうしても見ない場合でも、やり取りが発達し、わかってほしいときや楽しさを共有したいときに、目を合わせるようになってきます。まずは、やり取りを育てるほうが良いかもしれません。

Q8-5　次の指示まで待てない

A　待つ練習が必要です。待つのがかっこ良い、待つと良いことがあるという経験を積みましょう。待つポーズを教えるのがお勧めです。

Q8−6　抵抗が多い

A　新規不安や初期抵抗は必ずあります。それを肝に銘じながら、少しずつ、はじめてでも大丈夫だったという経験を積めるように導きましょう。大丈夫感が育てば、様々なものが大丈夫になっていきます。

Q8−7　暴言と暴力がある

A　暴言や暴力は、本人がつらくて痛いから出してしまいます。「それほどにつらいのだ」と思ってあげましょう。しかし、言われたほうや暴力を振られたほうもつらいので、「嫌だ」とは伝えましょう。

　また、つらいから誰かに慰めてもらいたいのです。ですから、存分に慰めてあげましょう。よしよしが効果的です。徐々に減ってきます。

　ある子は、暴言を吐くので「言ってはいけないことば」をリストにして貼っていました。結構効果的だったようです。

Q8−8　物を投げる

A　物を投げるのは、おそらく心が不安定でざわざわしているときでしょう。その元の気持ちを察して代弁し、怒りのコントロールをすることを試します。どうしても収まらない場合には、投げて良い場所やものを指定し、投げさせます。風船や柔らかいものが良いでしょう。そして、つらい気持ちをよしよしします。よしよしは、自分でコントロールしていく力を育てます。

Q8−9　母がいると悪さをする

A　これは駄々こね、不器用な甘えだと思います。お母さんに甘えたいけど上手に甘えられないから、必ずかまってもらえる方法を選んだのでしょう。その選んだ方法が、「お母さんのいるところで悪さをする」というものだったのです。

　お母さんのいるところで悪さをすれば、必ずお母さんはかまってくれ

ます。そしたら、上手に甘えられなくてもかまってもらえるわけです。

　かまってほしい、甘えたいという訴えですから、何か起こしたら「甘えたいんだな」と翻訳して甘えさせてあげましょう。甘え下手だと思いますから、お母さんから甘え方を教えるように甘えさせてあげてください。いい子いい子、よしよし、ぎゅーがお勧めです。そのときに、気持ちを代弁し、甘えるきっかけのことば「だっこして」などを教えてあげるとなお効果的です。

Q 8 - 10　気に入らないと泣いて寝転がる

A　心が不安定になったときに自分で対処する方法が、泣いて寝転がるしかないのでしょう。他の表現方法を教えずにそのまま対応していると、おそらくずっとその方法を取り続けます。

　寝転がるのをやめてほしいなら、より建設的な方法を教えて、サポートしながら行わせてほめることで、他の方法に移していきましょう。たとえば、「まだやりたいです」とか「もうやめたいです」などの表現方法です。

　ちなみに、気に入らなかったり、心が不安定な状態を擬音的に表して伝えるとわかりやすいようです。「ざわざわしてるね。ざわざわしたときには呼吸しようか」などです。使ってみると教えやすいと思います。

Q 8 - 11　予告をしても、駄々をこね延長をねだる

A　予告をすれば必ず駄々こねせずに従うわけではありません。なぜならば人間だからです。感情があるし、そのときの気分もあります。

　駄々をこねるときには気持ちを代弁し、慰め、よしよしして、切りかえを待ちましょう。カウンティングで 10 秒などを数えて切りかえるのも有効です。切りかえられたら、ほめてください。

さいごに

　この本を書くにあたり、いつも温かく見守り応援してくれた家族、細井を頼ってくれる「発達支援教室クローバー」の生徒の皆さんと保護者の皆様、共に凸凹の子の未来を明るくするために働いてくれている「特定非営利活動法人ぎふと」の仲間たちに心から感謝申し上げます。

　皆様のおかげで、常に勇気づけられ、経験を積ませていただき、支援方法を磨き上げることができました。ありがとうございました。

　支援方法を構築するにあたり、熱心なご指導をいただいた愛知教育大学特別支援教育講座の恒次欽也名誉教授、増田樹郎名誉教授、吉岡恒生教授に感謝の意を表します。臨床心理学、母子関係、コミュニケーション、特別支援教育についてのあらゆる見識について深めることができましたのは、先生方のおかげです。本当にありがとうございました。

　また、人間性を向上させる考え方について教えてくださった「株式会社シェリロゼ」井垣利英先生に感謝を申し上げます。支援方法をより深めることができました。ありがとうございました。

　最後に、この本を書かせてくださり素晴らしい編集をしてくださったぶどう社市毛さやか氏には感謝の念にたえません。本当にありがとうございました。

2020 年 1 月　細井 晴代

著 者

細井 晴代（ほそい はるよ）

発達支援教室クローバー代表

1977 年、生まれ
2001 年、愛知県刈谷市役所へ保健師として勤務
2008 年、養護教諭免許取得
2011 年、発達支援教室クローバー設立
2014 年、愛知教育大学大学院修了（特別支援教育科学専攻、教育学
修士取得）
2015 年、愛知教育大学非常勤講師として勤務

著書：「自閉症スペクトラムの子育て」（ぶどう社）
　　　「保育者のための発達支援ガイド」（明治図書出版）

● 「発達支援教室クローバー」
HP：http://www.hattatsu-clover.com/

イラスト　難波 瑞穂

凸凹の子どもの教室づくり
教室運営がうまくいく 9 つのコツ

著　者　　細井　晴代

初版印刷　　2020 年 2 月 1 日

発行所　　**ぶどう社**
　　　　　編 集／市毛さやか
　　　　　〒 154-0011　東京都世田谷区上馬 2-26-6-203
　　　　　TEL 03（5779）3844　FAX 03（3414）3911
　　　　　ホームページ　http://www.budousha.co.jp

　　　　　印刷・製本／モリモト印刷　用紙／中庄

自閉症スペクトラムの子育て

幼児期の「どうしたらいいの？」をサポート

細井 晴代著

日常の「どうしたらいいのかわからい！」に答え、実践したお母さんから出てくる新たな問題にもサポート。子どもの甘える心を育て、お母さんとの関わりを育んでいく子育てを促しながらヒントを伝えます。

● 1500 円＋税

保育に活かすペアレント・トレーニング

気になる行動が変わる支援プログラム

上野 良樹著 ● 1500 円＋税

子どもの行動を状況に応じた適応行動に導く方法。
小児科のお医者さんが伝える支援プログラム。

アナログゲーム療育

コミュニケーション力を育てる
〜幼児期から学齢期まで

松本 太一著 ● 2000 円＋税

発達段階に合わせた20種のゲームを指導のポイントと共に紹介。コミュニケーション力を学び、子どもの力を育てる。

お求めは、全国書店、ネット書店で